基督教文化研究丛书

主编 何光沪 高师宁

初编 第 **8** 册

谷中百合——
傈僳族与大花苗基督教音乐文化研究（上）

孙晨荟 著

花木兰文化出版社

国家图书馆出版品预行编目资料

谷中百合 —— 傈僳族与大花苗基督教音乐文化研究（上）／
孙晨荟 著 -- 初版 -- 新北市：花木兰文化出版社，2015〔民
104〕
目 6+148 面；19×26 公分
（基督教文化研究丛书　初编　第 8 册）
ISBN 978-986-404-199-2（精装）
1. 宗教音乐 2. 基督教
240.8　　　　　　　　　　　　　　　104002086

ISBN-978-986-404-199-2

9 789864 041992

基督教文化研究丛书

初编　第 八 册　　　　　　　ISBN：978-986-404-199-2

谷中百合——
傈僳族与大花苗基督教音乐文化研究（上）

作　　者　孙晨荟
主　　编　何光沪 高师宁
执行主编　张　欣
企　　划　北京师范大学基督宗教文艺研究中心
总 编 辑　杜洁祥
副总编辑　杨嘉乐
编　　辑　许郁翎
出　　版　花木兰文化出版社
社　　长　高小娟
联络地址　台湾 235 新北市中和区中安街七二号十三楼
　　　　　　电话：02-2923-1455 ／ 传真：02-2923-1452
网　　址　http://www.huamulan.tw 信箱 hml810518@gmail.com
印　　刷　普罗文化出版广告事业
初　　版　2015 年 3 月
定　　价　初编 15 册（精装）台币 28,000 元　　　　版权所有 请勿翻印

谷中百合——
傈僳族与大花苗基督教音乐文化研究（上）

孙晨荟 著

作者简介

孙晨荟，民族音乐学者，现工作于中国艺术研究院音乐研究所。出版专著《雪域圣咏——滇藏川交界地区天主教礼仪音乐研究》（香港中文大学天主教研究中心2010）；《天音北韵——华北地区天主教音乐研究》（宗教文化出版社2012）。

提　　要

　　本书以田野实地考察获得的第一手资料为核心，对中国西南边陲地区云南和贵州省的傈僳族和大花苗基督教音乐文化的历史和现状进行研究。

　　19世纪末20世纪初期，傈僳族和大花苗皈依基督教。在西方传教士的教导下，他们学习教会音乐传统——四声部赞美诗合唱，自此这两个少数民族的音乐天分便毫无保留地展现在这种与本民族文化毫无关联的音乐形式中，并分别以各自的特色传承至今。傈僳族原生态唱法的四部和声赞美诗以天然纯粹的音响给每位到访云南怒江的人们留下无法磨灭的震撼印象，而大花苗和谐通透的美声四部合唱则打破了国人将西方教堂音乐之神圣性与蛮夷山民之间的天壤之隔。

　　本书通过绪论、基督教音乐文化的源流、傈僳族和苗族文字的创制与赞美诗的编译、傈僳族和花苗地区基督教仪式与音乐的传入、云南傈僳族基督教仪式与音乐田野考察、云贵地区大花苗基督教仪式与音乐田野考察、傈僳族与大花苗基督教音乐文化的比较研究、傈僳族和大花苗基督教音乐文化对其他民族的影响和互动，以及结语和附录等章节内容，详述西方教堂音乐在傈僳族和花苗地区本土化的过程，为读者展示了一幅关于音乐、文化和信仰的史今画卷。

献　辞

　　本课题为中国艺术研究院立项课题（批准号：10ZYYB04）。生活在云南怒江大峡谷和贵州乌蒙山区的傈僳族和大花苗，他（她）们的信仰如同谷中百合花般纯净洁白，他（她）们的歌声更如谷中百合花般芳香四溢。谨以此书献给中国西南边陲这些贫穷的少数民族基督教徒，是他（她）们如此美妙的天籁合唱让我写作了此书。

目

次

第一章　绪　论

第一节　研究意义

本书讲述的是中国西南边陲地区云贵两省傈僳族和大花苗基督教[1]的音乐文化，这是一道奇特的风景线，它为世人展示了一段沉寂的历史：一百多年前，西方传教士来到中国西南腹地的各个少数民族部落，为人们传讲天国的道理，教会这些风俗迥异的族群演唱西方的四声部合唱，并用多种民族文字创编或翻译歌词和圣经。百年的时光留住了代代相传的信仰，沉淀了醇美质朴的歌声。今日，那些隐于深山峡谷里的教堂以及乡民演绎的西方和谐之乐，仍令观者惊异、听者铭心！这种现象即使在少数民族文化中也是少数。

傈僳族是一个不为人熟知的西南少数民族，甚至连"傈僳"这两个字的发音也令人陌生，他们跨越国境，居住于中国、缅甸、印度和泰国等地。苗族是一个发源于中国的国际性民族，人口遍及中国的 31 个省市自治区以及亚洲、欧洲和美洲各国。他们按服饰或发型等划分诸多的分支，如大花苗、小花苗、青苗、白苗、红苗、黑苗、长角苗、短角苗、歪梳苗和短裙苗等。

傈僳族和大花苗基督教音乐的歌曲内容、演唱形式和演唱法，令专业音乐人士同普通旅游者一样闻之惊异。他们演唱的歌曲是二三百年前西方国家

---

1 天主教、东正教和新教是"基督宗教"Christianity 的三大派别，这是以信奉耶稣基督为救世主（弥赛亚）的宗教。其中新教 Protestantism，中文惯称"基督教"，本书沿用此称谓，三大派别的统称用"基督宗教"。

的基督教赞美诗（包括欧洲巴洛克晚期巴赫和亨德尔的宗教合唱作品），演唱形式是无伴奏四声部合唱！傈僳族和大花苗分别使用原生态和美声两种演唱法，技术难度需是受过西方正统音乐训练的人员方可演绎，而生活贫困甚至汉语都说不利落的乡民却将之唱到了世界舞台，每每被外人听到，无不誉之为天籁。这种奇异结合造成的文化反差为听者和观者带来了强烈的冲击力：为什么资源贫乏的边远少数民族能吸收西方文化的音乐精粹？而他们所表达的正是当代许多城市居民崇尚向往并为之付出努力的。是什么样的机遇光顾了这里？更令人惊异的是，这些乡民似乎天生就具备绝好的乐感和西方合唱音乐的素养，这和辛苦培养孩子具备西方音乐素养的汉族城市居民形成鲜明的对比。大花苗美声四部合唱的音质浓郁醇厚，可将听者带入教堂圣殿静思凝心，抬头闭目浸淫于圣洁之光，其通透和谐的嗓音和均衡流动的声部并没有经过专业培训，而是民族内部学习或世代传承的结果。傈僳族用原生态发声法合唱西方四声部赞美诗的形式更是鲜见，此种歌声是山民吼叫式平地起雷般透亮直脆，伴随精准和谐的四部和声刺破峡谷，如山间湍流般轰鸣，如高原天堂般纯粹，撼人心扉绕梁终日不绝于耳，这种演绎方式实在令人过耳难忘、抖颤心房。之所以研究他们，是缘于这种音乐音响所带来的震荡撼动，更是由于刺眼的文化差异形成的时空纽结式的奇异美感，为我们这些久居钢筋水泥森林、困顿享乐于电子高科技的城市族群，带来了对他人、对自身的深层触及和探究。

中国学界的音乐研究，多集中于音乐本体内容，这是音乐学科中非常重要且极为基础性的工作，也可以说，这是对每个音乐研究人的基本要求。但音乐作为文化的一个载体，它所承载的内容与其表达的含义，不仅局限于此。当代流行的民族音乐学科，即主要借鉴人类学的研究方法及成果，将音乐作为文化进行探究。在这个层面上，该学科提升了音乐研究内容的丰富及全面性。然而，西方的学科方法如何应用于中国本土文化的研究？而中国本土的前辈学者所存留的丰富成果，又如何在新的领域内获得继承与发扬？这不仅是中国音乐学者应该思索的，也是整个中国社科学界应当考虑的。一味地套用西方学科的相关方法，获取洋八股式的研究成果，只能造出皮肉分离、思想破碎的文风。但固执地拒绝吸取新方法及观点的守旧式态度，也是很不可取的。大部分学者前辈，都在音乐研究领域内，不断地学习与努力摸索前行，试图找到更为适宜的、结合传统的科学研究理论体系。

少数民族宗教音乐文化的研究，除涉及音乐本体外，更有一个基本的前提定语，即宗教内容下的音乐内容。因此对宗教文化的了解，应该是做这一相关课题的基本要求，我们并不能把音乐内容完全单独抽出来独立解剖。但对这一领域的研究，目前尚处起步阶段，虽然有部分相关成果，其大部分内容，多为走马观花式的现象描述。宗教信仰是人类最为复杂的行为现象，它涉及人类最根本的思维模式。音乐作为其中一个极其抽象的表现形式，与之默契配合并互相提升。当代民族音乐学科中的中国民间仪式音乐研究，以曹本冶为代表，提出具有代表性的"音乐本体——音乐行为——概念、认知（思想）"的三角模式。但大多数的实际操作者，由于缺乏对宗教信仰的真正了解，以及无法作为一个局内人的深层进入，做出的成果只能说是隔靴搔痒。这个理论与实际之间的操作，还需时间和实践来进一步结合完善。对于少数民族的基督教音乐文化研究，就更需提出自己的实践理念和方法。因为基督教不是民间信仰，而是世界性宗教，它具有系统而完备的神学体系。中国少数民族地区的基督教文化也与西方基督教文化有很大的不同，音乐文化亦然。本课题结合宗教学、神学和民族音乐学的学科方法，特别详细地从基督教文化的自身角度出发，深入详细剖析了本土化的少数民族西方宗教音乐文化模式。

中国当代宗教音乐是音乐学科研究中较薄弱的领域，其中基督教音乐又是宗教音乐研究领域中的薄弱环节。本选题通过实地考察，对傈僳族和大花苗的基督教音乐文化现象作逐一剖析，填补了中国当代宗教音乐研究专题的空白。从更广泛的研究领域而言，本课题填补中西音乐文化交流研究领域的空白，从西方教堂音乐与中国少数民族音乐文化交流的多层内容，填补学界中西音乐文化交流领域研究的薄弱之处。进一步说，本课题是通过不同的视角，以及前人未曾涉足过的研究角度切入，深入探讨中国少数民族与西方基督教音乐文化的交流历程与本土化内容，并对其泛化影响到的社会现象作独特视角的解析。

本课题的研究意义主要有以下几点：1、对当代少数民族音乐文化发展的深入性研究：本课题主要针对傈僳族和大花苗当代基督教音乐发展的现象，对其音乐文化的发展，从宗教、社会、经济等多角度切入，进行深入探讨研究。2、从音乐文化角度阐述构建和谐社会民族关系的独特视角：音乐文化是否能对构建和谐民族关系与社会发展，起到一定或不可替代的作用呢？本课题从傈僳族和大花苗当代基督教音乐发展所产生的社会文化现象这一独特的视角，剖析证实音乐艺术之美产生宗教道德约束，从而促进构建和谐社会民族关系的作用。3、填补中国当代宗教音乐研究专题的空白：中国当代宗教音乐的研究相对其他音乐领域的研究较为薄弱。其中，基督教音乐方面的研究较其他宗教音乐的研究更为薄弱，而当代基督教音乐文化的专题研究更是薄中之薄。本选题通过实地考察，对傈僳族和大花苗的基督教音乐文化现象作逐一剖析，填补了中国当代宗教音乐研究专题的空白。4、填补中西音乐文化交流研究领域的空白：关于中西音乐文化交流的著述、文章虽然丰富，但从基督教音乐角度切入的研究却十分稀少。西方文化进入中国的首个媒介便是教堂音乐，因此不从此角度深入发掘研究，可以说很难真正触及中西文化交流的内在深层。本选题的内容涉及，西方教堂音乐与中国少数民族音乐文化交流的多层面内容，从此进路可以填补中西音乐文化交流领域研究的空白。该课题对文中提及的跨境民族——缅甸傈僳族和美国苗族的基督教音乐研究，由于经费原因，无法完成实地田野考察，因此第一手资料欠缺，也不能完成与境内民族的比较研究，这是日后有条件尚待弥补的内容。

第二节　先行研究

相关中国基督教音乐[2]的先行研究，笔者分类综述（见图表绪论－1）：

图表绪论－1

大陆地区－田野考察	汉族基督教音乐 少数民族基督教音乐
大陆地区－文献史料	地域史及通史研究 专题研究之传教士与音乐 专题研究之太平天国赞美诗 专题研究之教会学校及音乐教育 专题研究之赞美诗集与作品 专题研究之本土（色）化及教内文章与传记
港澳台地区及英文资料	通史及赞美诗 本土（色）化专题 田野考察 相关专著

---

2 本节仅涉及基督教音乐，不包括天主教及东正教音乐的先行研究。

一、大陆地区－田野考察

（一）汉族基督教音乐

相关的硕士论文有，周晶〈兰州市基督教青年会唱诗活动初步调查与研究〉西北师范大学 2005，冯锦涛〈从国际礼拜堂看基督教音乐在上海〉上海音乐学院 2005，王秀缎〈福州基督教会音乐与诗歌研究〉福建师范大学 2006，张雯霞〈基督教音乐在当代中国城市文化环境中的发展与演变：以兰州市山字石礼拜堂为例〉西北师范大学 2008，程伶〈厦门基督教音乐与厦门历史文化：厦门竹树礼拜堂音乐的实地考察与研究〉厦门大学 2009，万鸽〈南阳市基督教音乐形态初探：以南阳市福音堂为例〉北京师范大学 2010，姜卓〈哈尔滨基督教仪式音乐研究〉哈尔滨师范大学 2010，罗卫杰〈开封市基督教音乐现状研究：以开封市西门里礼拜堂为个案分析〉河南大学 2011。

相关的博士论文有，李顺华〈神圣化与基督徒的身份认同——以吕村基督教会圣诗班活动为切入点〉北京大学 2007。

相关的期刊文章有，徐名居〈基督教灵歌中的家庭问题〉（《兰州大学学报》1995/4：119-125），葛大威〈2006 年辽宁省基督教音乐调查报告〉（上、下）（《金陵神学志》2007/2：167-189、3：202-220），孙晨荟〈河北曲周基督教音乐个案调查——兼谈基督教音乐在中国乡村地区的本土化〉（《神圣与越界——基督教文化学刊》2008：305-331，北京：宗教文化出版社）、〈基督教晚祷礼拜音乐个案调查——兼谈教会音乐与崇拜美学的问题〉《大音》第二卷2009：262-280，北京：宗教文化出版社），李顺华〈仪式的交融与亚文化团体的存续〉（《中国农业大学学报》2010/4：132-140），诸炜〈当今中国社会转型中基督教音乐文化的考察与思考——以江苏省常熟地区为例〉（《音乐探索》2011/4：63-66），王丽娟〈浅析赞美诗演唱在乡村教会中的发展及作用——以豫中某教堂为例〉（《群文天地》2011/6：232-233），关杰〈基督宗教音乐与哈尔滨都市音乐文化的形成〉（《哈尔滨工业大学学报》2012/4：84-88），王玉霞〈基督教音乐学习的三种功能体现——以菏泽基督教堂为例〉（《安徽文学》下半月 2012/8：124-125）等。

相关的专著章节有，李岩《澳门音乐》之孙晨荟撰文〈宗教礼仪音乐〉，包括天主教的咏唱及礼仪、基督教福音以及基督教文化节等（北京，文化艺术出版社 2005：18-42）。

（二）少数民族基督教音乐

相关的硕士论文有，华慧娟〈基督教赞美诗在滇北苗族地区的传播、演变与文化意义〉西安音乐学院 2007（高士杰《"神"的光芒"人"的情感——西方音乐史研究文集》2009：195-251），李磊〈小水井苗族唱诗班美声唱法及溯源初探〉云南艺术学院 2009，骆圆〈富民小水井苗族唱诗班的文化适应〉云南大学 2009，李博丹〈中国朝鲜族基督教仪式音乐的地域性比较研究：以哈尔滨、鹤岗、桦椿村三地主日仪式的比较为例〉中央音乐学院 2009，兴安〈呼和浩特地区蒙古族基督徒仪式音乐现状调查研究〉内蒙古师范大学 2011，李晴〈一个傈僳族村寨的音乐传播考察〉云南大学 2012。

相关的期刊文章有，杨民康的系列论文〈云南少数民族基督教音乐文化初探〉（《中国音乐学》1990/4：83-88）、〈云南怒江傈僳族地区的基督教音乐文化〉（《中央音乐学院学报》1991/4：32-35）、〈云南省瑞丽县登戛寨景颇族基督教仪礼音乐调查报告〉（《中国音乐年鉴》1992：279-285）、〈云南怒江傈僳族圣诞节仪式音乐及其本土化过程〉（《中国民间信仰仪式音乐研究》云南卷，昆明：云南人民出版社，2003：557-607）、〈云南少数民族基督教赞美诗的文字记谱法研究〉（《音乐研究》2005/3：49-57）、〈云南少数民族基督教赞美诗的五线谱和简谱记谱法研究〉（《中国音乐》2006/1：46-51）、〈《圣经·旧约》中的犹太教圣殿祭祀音乐解析：兼涉与云南少数民族基督教仪式音乐的几点比较〉（《武汉音乐学院学报》2007/1：125-132）、〈云南少数民族基督教仪式音乐的新变异〉（《世界宗教文化》2011/5：41-49）。

其他文章有，东丹干〈关于苗族基督教歌谱之我见——与《波拉苗谱与黔西北苗族》的作者、评介者商榷〉（《贵州民族研究》1992/3：88-93），何明、吴晓〈基督教音乐活动与艺术人类学阐释：以云南芭蕉箐苗族为个案〉（《云南师范大学学报》2006/3：151-158），张慧玲〈唱响自然的旋律——苗族合唱排练之我见〉（《中国校外教育·理论》2007/3：125），周丰庆〈由"滇美"现象所带来的启示——兼论美声唱法云南本土化的成功经验〉（《民族艺术研究》2008/6：61-65），张晓武〈从两首草原圣歌看内蒙古环阴山基督教圣诗音乐本色化进程〉（《星海音乐学院学报》2009/3：56-59），汪瑶〈对红河州石屏县的两所学校和富民县小水井村苗族唱诗班的考察——从文化生态环境的构建看云南传统音乐的可持续发展〉（《云南艺术学院学报》2009/4：78-80），赵蕾〈从宗教信仰谈滇西北少数民族的基督教音乐：对怒江流域贡山县傈僳族的田野考察〉（《民族音乐》2010/5：37-38），李博丹〈中国朝鲜族宗教音乐概述——以基督教仪式为音乐分析个案〉（《沈阳音乐学院学报》2010/2：72-79）、〈吉林延边自治州朝鲜族基督教主日仪式的音乐文化分析〉（《北方音乐》2010/7：50-51），李昕〈滇北花苗基督徒热衷唱诗原因解析——以云南昆明芭蕉箐教会为例〉（《西藏民族学院学院报》2011/1：90-94），张德凯〈傈僳族无伴奏四声部合唱与文化置换策略〉（《保山学院学报》2010/3：82-85）等。

杨民康《本土化与现代性：云南少数民族基督教仪式音乐研究》（北京，宗教文化出版社 2008），是国内首本中国基督宗教音乐乃至少数民族基督教音乐研究领域的专著，其中有一章是关于彝族阿细人天主教音乐的报告。另有相关的专著章节是，张兴荣《中国少数民族宗教音乐研究·云南卷》之第三编〈基督教音乐〉，内容包括怒江州基督教音乐（傈僳族、独龙族、怒族）；苗族基督教音乐；拉祜族基督教音乐、景颇族基督教音乐、佤族基督教音乐（北京，宗教文化出版社 2007：270-331）。杜亚雄《中国少数民族音乐概论》之〈宗教音乐（二）圣歌〉，也刊登了一首苗族基督教音乐的乐谱。（上海，上海音乐出版社 2002：36-37）。

二、大陆地区－文献史料

（一）地域史及通史研究，有田青《中国宗教音乐》之周小静撰文〈中国基督教音乐〉，包括天主教、基督教和东正教三部分（北京，宗教文化出版社 1997：162-222），吴少静〈近代福建海上音乐交流的初步研究（1840－1949）〉〔硕士论文〕福建师范大学 2003，陈小鲁《基督宗教音乐史》之〈基督教在中国的初传、基督教在中国的再传、基督教第三次传入中国、中国的基督教音乐、十九世纪的中国教会音乐、二十世纪初的中国基督教赞美诗、当代中国基督教音乐〉（北京，宗教文化出版社 2006：130-133、199-202、315-317、364-368、517-526、572-576、616-620），林键〈近代福州基督教圣乐事工概况及影响——纪念基督福音传入福州 160 周年（1847-2007）〉（《金陵神学志》2007/1：74-91），杨和平、王志芳〈基督教音乐在中国的传播〉（《音乐探索》2010/4：55-59），郭常英、岳鹏星〈中国基督教青年会音乐传播活动考察——以 20 世纪二三十年代南方地区为中心〉（《南阳师范学院学报》2012/10：86-91）

（二）专题研究之传教士与音乐，有刘奇〈李提摩太夫妇与《小诗谱》〉（《音乐研究》1998/1：22-27）。宫宏宇的系列论文〈基督教传教士与中国学校音乐教育之开创（上）（下）〉（《音乐研究》2007/1：5-17，2：40-46）、〈传教士与中国音乐：以苏维廉为例〉（《武汉音乐学院学报》2008/1：134-141）、〈狄就烈、《西国乐法启蒙》、《圣诗谱》〉（《中国音乐》2008/4：89-97）、〈杜嘉德的乐理书系列与西洋乐理之东传〉（《音乐研究》2009/1：24-38）、〈传教士与晚清时的中西音乐交流：花之安与他的《中国音乐理论》〉（《武汉音乐学院学报》2010/1：121-128）、〈钱德明、朱载堉与中国礼仪乐舞之西渐〉（《中央音乐学院学报》2010/2：91-97）、〈杨荫浏的传教士老师：郝路义其人、其事考〉（《中国音乐学》2011/1：46-54）、〈上世纪20-30年代部分来华西人与中国音乐〉（《天津音乐学院学报》2011/1：15-23、40）、〈美国哈佛──燕京图书馆中文基督教基督教赞美诗集缩微胶卷资料初探〉（《武汉音乐学院学报》2011/4：323-329、364）、〈基督教传教士与晚清中国的盲人音乐教育：以安格妮丝‧郭士立、穆瑞为例〉（《中央音乐学院学报》2012/1：104-110）、〈艾约瑟与晚清中国盲人音乐教育〉（《音乐研究》2012/2：31-36）、〈基督教传教士与西国乐法东渐──从傅兰雅的教学实践看"主音嗖乏"教学法在晚清的传播〉（《音乐与表演》2012/3：1-9）等。

（三）专题研究之太平天国赞美诗，有陈聆群〈太平天国音乐史事探索〉（《中国近代音乐研究在20世纪──陈聆群音乐文集》上海：上海音乐学院出版社2004：62-80），朱小田〈太平天国音乐文化论〉（《中国音乐学》1995/3：37-44）。刘巍的系列论文〈太平天国宗教音乐的异化研究〉（《音乐研究》2009/4：49-59，69）、〈太平天国风琴含义的史事探索〉（《西安音乐学院学报》2010/1：51-55）、〈太平天国风琴衙考论〉（《南京艺术学院学报》2010/2：28-32）；〈太平天国宗教音乐专用语释疑〉（《西安音乐学院学报》2010/3：30-35）；〈太平天国宗教音乐伴奏乐器史实解析〉（《星海音乐学院学报》2010/3：20-24）〈太平天国《三一颂》再研究〉（《星海音乐学院学报》2010/4：33-37）；〈太平天国宗教赞美诗表现形式的史料甄别〉（《西安音乐学院学报》2011/2：24-30）、〈从"典乐衙"看太平天国的典乐制度〉（《人民音乐》2011/3：54-56）等。

（四）专题研究之教会学校及音乐教育，有吴少静、黄少枚〈近代福建基督教学校音乐教育简况及启示〉（《星海音乐学院学报》2004/2：63-66），吴少静〈民国时期福建教会学校的音乐教育〉(《长沙大学学报》2010/6：69-71)，陈晶〈哈尔滨早期宗教机构中的西洋音乐教育〉(《牡丹江大学学报》2007/12：53-55)，张媛〈浅论北京教会学校音乐教育的发展〉〔硕士论文〕首都师范大学 2008，金世余〈我国近代教会学校音乐教育影响管窥〉(《西安音乐学院学报》2008/1：63-65)，孟维平〈北京历史上的教会学校音乐教育〉(《人民音乐》2010/11：48-50)，赵岩〈中国近代"教会音乐教育"及其启蒙意义省思〉(《音乐与表演》2010/2：63-70)，孙悦湄〈中国近代基督教传教士声乐教育活动探微〉(《艺术百家》2012/4：174-179；142)等。

　　（五）专题研究之赞美诗集与作品，有王神荫〈中国赞美诗发展概述〉（上、下）(《基督教丛刊》1950/26：49-54、27：60-68)、《赞美诗（新编）史话》北京：中国基督教三自爱国运动委员会 1994，吴少静、黄少枚〈近代赞美诗（圣诗）音乐在福建的发展——中西音乐文化交流的区域性研究〉(《浙江艺术职业学院学报》2005/2：36-40)，杨周怀〈杨荫浏先生在中国基督教赞美诗的翻译、编曲、作曲及作词方面所作的贡献〉(《中国音乐学》1999/4：39-42)，施咏、刘绵绵〈《圣诗谱·附乐法启蒙》探源、释义与评价〉(《天津音乐学院学报》2006/1：83-87)，陈伟〈中国基督教圣诗发展概况〉(《中央音乐学院学报》2003/3：38-43)，陈丰盛〈温州基督教圣诗发展历程〉(《金陵神学志》2009/1：61-72)，林苗〈"立约"的民俗解读及其在《赞美诗（新编）》中的中国化诠释〉(《安徽文学》2008/9：225-227)、〈中国基督教赞美诗集《普天颂赞》之研究〉〔博士论文〕中国艺术研究院 2009，陈泽民〈中国教会赞美诗与文化融入〉(《金陵神学志》2007/2：4-19)、〈中国基督教圣诗近况和发展〉(《世界华人基督教圣乐促进会讯》1998/6：1-4)，刘丽霞《中国基督教文学的历史存在》之〈中国基督教文学中的圣歌（俗称"赞美诗"）〉（北京，社会科学文献出版社 2006：56-82)，朱维之《基督教与文学》之〈圣歌与文学〉（北京：吉林出版集团 2010：72-128)。王雪辛《中国赞美诗旋律民族化探索》上海：中国基督教两会 2005，田青〈杨荫浏与中国宗教音乐〉(《音乐研究》2001/1：62-76)，蔡良玉〈评赵紫宸、张肖虎的清唱剧《圣诞曲》〉(《中国音乐学》2010/3：29-39)等。

　　（六）专题研究之本土（色）化及教内文章与传记，有王鑫〈基督教（基督教）圣诗音乐中国本色化探研〉〔硕士论文〕南京艺术学院 2006，王雪峰〈公主还是女仆？崇拜中音乐艺术性和礼仪性的平衡〉(《金陵神学志》2008/3：

25-60），周志治〈对当代"短歌"现象的了解和反思〉、〈认识《赞美诗·新编》〉（《金陵神学志》2006/1：112-121、2009/3：133-148），翁翠琴〈圣乐教育与课程设置〉、〈从崇拜礼仪学角度浅谈"音乐礼仪"神学及形式的更新〉、〈宇宙基督的赞歌——从圣乐与中国文化的对话看圣乐是如何促进福音文化与本土文化的融入〉、〈浅探教会"赞美诗集"的编辑和修订——以中国教会赞美诗集《赞美诗（新编）》为例〉、〈从圣诗创作现状问题浅析圣诗创作的方向——在中国基督教圣乐创作座谈会上的发言〉（《金陵神学志》2008/4：142-155、2009/1：34-60、2009/2：92-105、2009/3：108-132、2011/1：100-111），王雪辛《圣乐鉴赏》上海，中国基督教神学教育委员会 1996。刘若民〈桃李不言自成蹊——记中国基督教著名神学家、神学教育家、音乐家陈泽民博士〉（《金陵神学志》2005/3：81-88；《中国宗教》2005/6：20-23），薛彦莉《生命如圣火般燃烧：马革顺自传》上海，上海音乐学院出版社 2003 等。

三、港澳台地区及英文资料

（一）通史及赞美诗：*Faurot, Albert. Music in the Chinese Church*〔硕士论文〕美国欧柏林学院 1940, Chen, Chang Ling. *Church Music in China*〔学士论文〕上海大学 1941，盛宣恩 Sheng, David. *A Study of the Indigenous Elements in Chinese Christian Hymnody*〔博士论文〕美国南加州大学 1964 年、〈中国基督教圣诗史论述〉（一～八）（《香港浸会圣乐季刊》1980－1983 年），陈颖锋〈中国圣诗及发展史〉〔硕士论文〕台湾浸信会神学院 1975, Leland Li-chung Chou *An Ecumenical Hymnal for Chinese Youth*〈为中国年轻人所用的全基督教赞美诗集〉〔博士论文〕美国南加州大学 1977，陈慎庆〈基督教圣诗在中国的发展：1800－1936〉〔硕士论文〕香港中文大学 1986, Samuel S. M. Cheung *A Study of Christian Music in the People's Republic of China*〈中华人民共和国基督教音乐研究，1949－1983〉〔博士论文〕美国西南浸信会神学院 1989，蔡巧莉〈台湾基督教长老教会音乐之创作 1936－1996〉〔硕士论文〕台湾东吴大学 1995，高瑞穗〈变迁中的台湾基督长老教会会众诗歌〉〔硕士论文〕台湾师范大学 2002, Gong Hong-yu *Missionaries, Reformers, and the Beginnings of Western Music in Late Imperial China*, 1839－1911〈传教士、改革者与晚清时西乐在华土之开端〉〔博士论文〕新西兰奥克兰大学 2006，宋岳〈二十世纪初中国的赞美诗翻译〉（英文）〔硕士论文〕山东大学 2010。

（二）本（土）色化专题：骆维道〈向耶和华唱新歌（二）——邻音、乡音与怪音〉、〈向耶和华唱新歌（三）——从『黄人灵歌』到亚洲化的教会音乐〉、〈向耶和华唱新歌（四）——从恒春到地球村〉〈教会音乐与民俗音乐——台湾教会会众圣诗之寻根〉（台南神学院《神学与教会》1999/1：32-53、2000/2：398-427、2001/1：1-19、2001/6：327），汤彼得〈中国教会音乐之本色化〉〔硕士论文〕中华福音神学院 1978，少妮瑶•久分勒分〈排湾传统音乐教会本色化运用〉〔硕士论文〕台南神学院 2005，谢祥永〈台湾基督教音乐本色化与信众认知之研究〉〔硕士论文〕台湾浸信会神学院 2008。

（三）田野考察：庄淑婷〈台湾基督教会音乐事工之研究——以财团法人基督教灵粮堂为例〉〔硕士论文〕中国文化大学音乐研究所 2003，萧匡好〈台湾基督教专职圣乐事奉团体之研究——以天韵合唱团为例〉〔硕士论文〕台湾师范大学 2005，郭明智〈从礼拜学探讨音乐在礼拜中的意义——以台湾基督长老教会为例〉〔硕士论文〕台湾神学院 2006。

（四）相关专著：郭乃惇、杨丽仙《本色化圣乐的沉思》（台北，台湾橄榄基金会 1986），李景行《中国音乐于基督教崇拜中应有的地位》（台北，台湾荣光出版社 1987），郭乃惇《台湾基督教音乐史纲》（台北，台湾橄榄文化 1986），罗炳良《圣乐综论》香港天道书楼有限公司 1994、《基督教圣乐路向论文集》香港华人基督教联会 1999（1996 年 9 月 6－7 日，香港中文大学崇基学院举办"基督教圣乐路向研讨会"之发表论文），江玉玲《圣诗歌：台湾第一本教会圣诗的历史溯源》（台北，台湾基督教文艺出版社 2004）、《台语圣诗与韵文诗篇》（台北，道声出版社 2005），（美）谢林芳兰《中国基督教赞美诗史：从早期传教士到现代本土创作》（英文）（*A History of Chinese Christian Hymnody: From Its Missionary Origins to Contemporary Indigenous Productions*）（Lewiston, New York: Edwin Mellen Press, 2009）（以下简称《赞美诗史》），盛宣恩《中国基督教圣诗史——圣乐季刊文摘系列》（香港，浸信会出版 2010）。关于谢林芳兰的英文专著《赞美诗史》，宫宏宇的〈书评〉（《中央音乐学院学报》2011/2：140-144）一文作了详细介绍，该书是关于中国基督教赞美诗的研究综述或研究书目长编，条理清晰，西文资料丰富，涵盖港澳台、新加坡和北美地区。

以上相关的文章，主要针对音乐本体和仪式框架内容进行分析研究，例如乐谱形态和礼拜仪式等。对于其他层面的音乐文化现象较少涉足，属于研究的初步阶段。其中，民族音乐学家杨民康对相关课题领域的研究，起到了领头开创性的作用。但客观来讲，相对基督宗教音乐在中西音乐文化交流史上的重要地位，相对佛、道和民间宗教音乐的实证研究成果来说，该领域的研究都十分不足，深入性专题性的研究就更为薄弱。

第三节　研究方法

本课题主要以民族音乐学的方法进行研究，以实地调研为主要手段，通过对云南和贵州地区的傈僳族和花苗多个基督教会音乐文化的个案调查及比较探讨，研究其历史过程中的传承与发展，以及当代社会大背景下的文化变迁等。民族音乐学的方法是将音乐作为文化定义和内涵来研究以解释人类的行为思想，此定位尤其对宗教音乐的研究更有针对性。笔者认为定位首先不能颠倒，即从音乐研究角度而言，首当切入的是其定语"宗教（即概念、认知）"范畴，而所有的外显形式和内在传递都是围绕着这个定语服务的。在此范畴内的音乐研究兼及音乐本体和音乐行为的互动才行之有效。简单地说，对一位局内人而言，令其感动和信靠的是透过音乐媒介所传递出的信息内容及其神圣效应，可以说在这个领域音乐只是一个管道，通过它表达神圣才是目的。

本课题还同时借鉴历史研究的方法，并参考基督教神学的部分研究成果。西方的基督教神学思想具有系统完善的理论体系，对于其音乐与仪式的神学诠释，从古至今都不缺乏经典论著。但在中国少数民族乡村地区，这些西方文化的思维方式如何本土化体现在当地文化之中，而其宗教音乐形态又如何展现出其文化思维方式等问题，都需参考基督教神学思想的理论体系进行深入研究。

本课题的田野作业从 2009 年持续至 2011 年，考察范围是云南省怒江傈僳族自治州、贵州毕节地区以及云南省中部地区，考察对象是以傈僳族和大苗族为主，小花苗、彝族、怒族和独龙族等为辅多个少数民族的基督教音乐。时间如下：2009 年 11—12 月考察云南省怒江傈僳族自治州泸水县、福贡县和贡山独龙族怒族自治县的傈僳族、怒族和独龙族教会；2010 年 1—2 月考察贵州省毕节地区赫章县大花苗和彝族教会；2010 年 11 月考察云南省怒江傈僳族自治州福贡县傈僳族教会；2011 年 4 月考察贵州省毕节地区威宁彝族回族苗族自治县、云南省楚雄彝族自治州禄劝彝族苗族自治县和云南省昆明市郊的苗族教会复活节期；2011 年 12 月－1 月考察云南省怒江傈僳族自治州福贡县的傈僳族教会圣诞节期。

第四节　研究对象

一、傈僳族概况

傈僳族是一个跨境族群，主要聚居在中国、印度、泰国、缅甸、新加坡、马来西亚、菲律宾、老挝和越南等国，少量聚居在俄罗斯、美国和德国。中国境内主要聚居在云南省怒江傈僳族自治州的泸水县、福贡县、贡山独龙族怒族自治县和兰坪县，丽江市辖多县以及迪庆藏族自治州的维西傈僳族自治县。云南省其他部分州县以及四川省部分州县也有散居的傈僳族，他（她）们与其他各民族混居，形成大杂居、小聚居的分布特点。

傈僳族因妇女服饰颜色的相异，有黑、白、花三种称谓。白傈僳多着右衽上衣和白麻布长裙、戴白色珠料，黑傈僳多着右衽上衣和黑丝绒长裙、缠黑布包头、戴珊瑚耳饰。黑白傈僳主要聚居在云南省怒江州，通常也被划分为北群傈僳族。居住在云南省保山地区和德宏州的傈僳族服饰色彩艳丽，衣服和长裙多绣有花边、戴花布头巾，被称为花傈僳，通常也被划分为南群傈僳族。

傈僳族的宗教信仰主要是原始宗教和基督教，少部分人信仰天主教和藏传佛教。原始宗教是万物有灵的自然崇拜，相信世界万物由神灵和鬼魂支配，各路鬼神统称为"尼"，共有 30 多种。巫师称"尼扒"和"尼占扒"，"尼扒"能看鬼驱鬼，而"尼古扒"则不能，因此前者地位较高。傈僳族原始宗教包括巫术和神判、图腾崇拜和祖先崇拜等，巫师编唱的祭歌和祈祷词成为傈僳族民间文学的一部分。但原始宗教怯病消灾的杀牲祭鬼之功利色彩活动，使群众消耗粮食牲畜以及劳动力的数量惊人，对生活水平低下的傈僳族带来极大浪费。1908 年基督教传入云南省腾冲傈僳族村寨，随后外国各差会先后进入怒江地区。20 世纪 20 年代之后，大批傈僳族民众放弃原始宗教信仰皈依基督教。

傈僳族能歌善舞，歌舞围绕日常生活的每一部分。傈僳族音乐基本分为器乐、歌舞音乐和民歌三种体裁。民间乐器有"其布厄"（傈僳族琵琶、小三弦）、"很自"（拉弦乐器）、"玛果"（口弦）、"举列"（笛子）、树叶、葫芦笙、乳锣、钹和鼓等。纯器乐音乐代表作品有其布厄演奏的《传情调》、《划船调》和《对门蜜蜂嗡嗡叫》，很自演奏的《约玩调》，树叶吹奏的《阿爸阿妈呀》和《隔山隔水的人呀》等。民间歌舞有跳乐和踏歌两种形式，怒江地区流行有乐器伴奏只舞不歌的跳乐，代表舞曲有《双人琵琶舞曲》、《阿哥阿妹情意投》、《种包谷调》、《找菜歌》、《乌鸦喝水》、《红嘴雀吃山果》和《踢脚舞曲》等，多用五声音阶羽、宫调式。保山和德宏地区流行歌舞乐结合、欢快跳跃的踏歌，代表形式为三弦歌舞"斯布厄瓜且"，多用五声音阶商、徵调式。民歌有单声部和多声部两种，有叙事歌、抒情歌、爱情歌、聚会歌、新房歌、喜酒歌、挽歌、儿歌和祭祀歌等。代表性曲调有叙事歌"木刮"、抒情歌"摆时"和叙事性小调"优叶"等。摆时多为对唱，由多人挽手围成圆圈，边唱边摆动身体，缓慢移动，领唱两句，合唱两句，合唱多为支声二声部，也有支声三或四声部。优叶有两种，一是由青年男女田间对唱相互应和，常形成二声部，曲调优美；另一种是节日中由老人家中饮酒歌唱，旋律平稳。怒江地区的傈僳族演唱民歌时，常用喉部颤音润腔，形成一种特有的演唱风格。傈僳族民间音乐作品多为五声音阶和下降型旋律线条，喜用上下行四五度跳进，而多声部音乐是以支声为主的形态结构，声部之间节奏相同、时分时合。

傈僳族舞蹈主要有仿生舞、生产生活舞和战斗舞等类型，代表作品有《生产舞》、《鸟王舞》、《鸡扒食》、《鱼舞》、《鹦鹉啄包谷》、《琵琶舞》和《锅庄》等。酒"那汁"（10 多度的黄酒）伴随着歌舞形成独有的酒文化，无处不在地体现着傈僳人的情感。傈僳族以同心酒为礼仪酒，有石月亮酒、三江并流酒、勇士酒、发财酒、思念酒和长寿酒六种不同的饮法。

傈僳族主要传统节日有阔时节（新年）、澡塘会、刀杆节、畜牧节和情人节等。在云南省怒江州，阳历 12 月 20 日被当地政府法定阔时节假期，人们通常会举行盛大的庆祝活动。同时，由于该州基督教信徒众多，12 月 25 日也是教会最重要的圣诞节庆，该节庆通常会庆祝三天，因此每年从 12 月 20 日开始一直到 12 月 27 日左右，整个怒江州都沉浸在节日的氛围里，此时正逢旱季，是前往该地区旅游的好时期。

二、花苗概况

清代至民国年间刊印的关于南方滇黔"苗蛮"的民族史志，称"百苗图"、"苗蛮图"、"苗图"等，是珍贵的西南少数民族文献资料。该史料图文并茂地描述了清代贵州苗族以及瑶族、布依族、侗族、水族、壮族、毛南族、仡佬族、彝族、土家族和白族等多个少数民族的风土人情。原书至今没有发现，海内外现存这套史料的传抄本、节录本、摹绘本和习作本等多达上百种，多不注明时间与作者，且均存在不同程度的错讹和脱衍。清光绪年间一函二册刻本《黔南苗蛮图说》是较少印有书画作者和刊刻印者信息的版本，书中描述贵州各地"苗蛮"86 种，该版的作者和画者学界推断为书中序文的作者桂馥。（李德龙 2008：31）

花苗是苗族的众多分支之一，关于这个支派的较早记录就存于这套史料中，下文转引两段相关花苗的图文，可对比同一解说的不同版本。引文一，原书清嘉庆陈浩《八十二种苗图并说》第 13 幅"花苗"，图画描述树林中有两个男子吹笙领舞，两个姑娘摇铃跳舞。当代研究成果之《百苗图疏证》，引原文字解说如下：

> 在贵阳、安顺、遵义所属，无姓氏。其性憨而畏法，其俗陋而勤耕。衣用〔败〕布撕条织成，青白相间，无领袖，洞其中，从头笼下，或以半幅中分，交缠于项。〔女穿青布花裙〕。每岁孟春，择平壤之所为月场，未婚男子吹笙，女子振响铃，歌舞戏谑以终日。暮，则约所爱者而归，遂私焉。亦用媒妁，聘〔资〕以女妍媸为盈缩。必男至女家成亲，越宿而归。〔病不服药〕惟宰牲盛馔祷于鬼，虽至败家亦无悔焉。丧，则亲戚携酒肉以赙，环哭尽丧。三七，携鸡一只、饭一盂、酒一瓶往祭，延巫持咒，谓之"放七"。祭毕，磔鸡碎器，谓之"鬼散"。葬不用棺，敛手足而瘗。卜地，掷鸡子不破者为吉。（刘锋 2004：22）

引文二，当代研究成果《〈黔南苗蛮图说〉研究》附录之文字部分校点，八十六种苗蛮图说之第五种"花苗"。图画描述男女十三人间隔围树成圆圈状，男吹芦笙、女持铃铛表演舞蹈，河涧边有男女老幼七人观看。引原文字解说如下：

> 花苗衣用败布，缉条以织，无襟扣而纳诸首。男以青布裹头，妇人敛马鬃尾杂发为髻，大如斗，笼以木梳。裳服先用蜡绘花于布，而后染之，既染去蜡，则花见。饰袖以锦，故曰花苗。跳月以孟春，植冬青树于跳场，缀以野花，名曰花树。男女皆艳服，男吹芦笙，

女振响铃，踏歌跳舞，绕树三匝，名曰跳花。跳毕，女视所欢，或巾或带，与之相易，谓之换带。然后通媒妁，聘资视女之妍媸为盈缩。女嫁数日，即回母家，生子然后归，谓之坐家。丧则以死者衣服向屋角呼之，曰复。屠牛召戚友，各携酒肉为赙，环哭尽哀。葬不用棺，敛手足而瘗之。卜地，以鸡子掷之，不破者为吉。病不服药，惟祷于鬼。谓其巫曰鬼师，鬼师乘是以愚之。或宰牲磔鸡，或杀牛，虽极贫，亦必称贷而为之，往往以此破家产。终不悔悟。以六月为岁首。其性憨而畏法，苗中之最纯良者。男于勤耕，妇人织麻为业。在贵阳者，居龙场、猪场、鹭丝、羊堰诸寨。所属州县多有。其余安顺各属及独山、三脚、施秉、天柱、黎平、永从、大定、水城皆有。

按黔苗三十余种，而犷犷、纯良，各以其类。如红、黑苗、谷兰、九股、紫姜、九名九姓、阳洞罗汉等苗，与镇远、都匀、黎平各种生苗，最为患者也。若花苗、白苗、牯羊、东西、洪舟、摆榜、短裙等苗，皆可以鞭棰使者也。而东苗乃有天顺三年千把猪之乱，白苗亦有康熙三十八年都匀之役，若花苗多与黎平、独山、施秉等处生苗杂处，未闻有反者。非他苗好逆，而花苗恭顺也，盖黎平等处生苗地广而富，有恃不恐，而花苗势弱多贫，不敢为非。倘论黔苗之纯良者，当为花苗首屈一指。（李德龙 2008：155-156）

这条注解内容丰富，引文一涉及花苗的分布地域、命名、性格、制度、服饰婚俗、巫术治病以及丧葬习俗等方面的内容。引文二在此基础上添砖加瓦，进一步说明花苗的发饰、服装制作、名称来源、婚恋风俗和性格特征等生活细节。至民国时期，花苗有大小之分，下文引《中国少数民族史大辞典》"花苗"词条：

苗族的一支。名称始见于清代。因服饰以蜡染花纹而得名。民国初年又有大花苗与小花苗之分。大多操苗语之川黔滇方言。主要分布在黔中、黔西北、滇省及四川南部等地。在黔东南黎平一带，又住有一种称之为花衣苗者，与花苗不属同一支系。（高文德等1995：1335）

所谓"大花苗"和"小花苗"的差别，始于民国学者之界定，苗人自己的理解主要是服饰图案造型与面积的大小（类似花披肩的饰物），大则称之为大花苗，小则称之为小花苗。据杨汉先 1941 年发表的〈大花苗名称来源〉一文研究，此称呼出现的时间至今不过两百年，而未现于古籍记载，因此很有可能源于该地西方传教士的叫法。（吴泽霖等 2004：92）

花苗支系苗族现今主要分布在川滇黔三省毗邻地带，具体范围是贵州省境内的威宁彝族回族苗族自治县和赫章县以及云南省境内的昆明市郊、曲靖市、楚雄彝族自治州和昭通地区等。大花苗自称"阿卯"（Ad Hmaob），主要分布在贵州省威宁县、赫章县和六盘水市，云南省昭通地区、彝良县、宣威市、武定县、禄劝县和曲靖县也有零星分布。大花苗语言为苗语川黔滇方言滇东北次方言，服饰为乌蒙山型威宁式、武定式。小花苗自称"蒙"，主要分布在黔西北六冲河两岸，南岸聚居于赫章、纳雍、威宁和织金县，北岸聚居于毕节和大方等沿岸乡村。小花苗语言为苗语川黔滇方言川黔滇次方言第二土语，服饰为乌蒙山型六冲河式。

花苗的歌舞丰富多样，最主要的是民歌和芦笙调。代表性民歌有长者演唱的古歌及年轻人喜爱的情歌等，芦笙调有舞曲和祭祀曲等类型。代表性舞蹈是芦笙舞，个人或群体边奏边舞，舞蹈动作较复杂，有滚山珠、上梯倒立三转、双人俯驮和平地倒立等造型。花苗最重要的节日是 5—8 月间的花山节，节庆上的歌舞大戏必有芦笙舞和民歌演唱。今日的花山节已是苗族同胞交流聚会的最佳庆典，成为集民族传统文化和体育活动于一体的综合性节日活动。

苗族的传统信仰是以巫文化为主的原始宗教，敬拜祖神、自然神、魔鬼、神山、神石和神树等诸多鬼神，其中祖先崇拜占据重要的位置，祭祖也是苗族原始宗教中最隆重的祭祀仪式。19 世纪末 20 世纪初基督教传入苗族地区，花苗族群几乎全部皈依一直到今日。

第五节　研究区域的基督教传播概况

一、傈僳族和花苗地区的差会组织

差会（Missions）是基督教差派传教士进行传教活动的组织，也是西方宗教宣传事业的代表性组织。历史上，罗马天主教会首先拉开了西方传教事业的大幕，它在欧洲大陆之外的传播高峰期约为 1300—1700 年。随着基督教和资本主义的崛起，1600—1800 年间，欧洲大陆兴起了基督教的传播热潮，出现了德国敬虔派、丹麦哈勒差会和摩拉维亚差会等派别和组织。这股浪潮掀起的福音复兴运动迅速冲击英美等国，1750－1850 年间，两国基督教差会纷纷成立，从而引发了基督教的全球传教运动。这场运动首先由英国带头，"1717 年，华滋写了一首伟大的宣教诗歌'太阳所到之处，基督必要掌权。'卫斯理查理也以宣教为主题，编写了一些诗歌。"（贾礼荣 1986：105）1810 年美国海外传教运动开始，直到今日，该国仍提供全球基督教传教工作的绝大部分经费。1811 年，英美差会决定以缅甸为第一个目的地，并在年会中通过了传教目的对象的认定，"1、有古代文明的人民。2、有原始文化的人民。3、有古代基督教信仰的人民。4、有回教信仰的人民。"（贾礼荣 1986：111）至 19 世纪末，几乎所有的西方基督教国家都参与到海外传教运动中。英国是当时最大的殖民帝国，该国的传教士遍布亚非拉三大洲。外交官、商人、传教士与殖民主义无法分割地到达亚洲、非洲、南太平洋群岛和中东地区。

基督教的教派众多，在组织形式上有主教制、长老制和公理制等多种，主要宗派有信义宗（路德宗）、长老宗、浸礼宗、卫斯理宗、圣公宗和公理宗等。各宗派成立的纷繁多样的基督教差会，大致可分为四类：1、超宗派类，如伦敦传道会和美国海外传道会等。2、宗派差会，由原先的超宗派差会转变而来。3、信心差会，如中国内地会等。4、特别差会，服务于某类人群，如麻风病患、妇女、儿童、聋人、盲人、孤儿、印第安人和爱斯基摩人等；或专门从事某类事工，如扫盲、社会福利、文字和广播等。另有一个圣经公会，总部设在伦敦，各个基督教国家均有自己的圣经公会，该组织专门负责翻译、出版和校对圣经，并以极低的价格出售或散发。

19 世纪的美国已成立较多的大学和神学院，早期的传教士需要从这些机构完成学业，才能从事海外传教工作。英国及欧洲其他基督教国家在高等教育及神学高等教育方面远不及美国，较缺乏高学历的传教士。随着传教市场的急剧扩张，培训传教士的教育方式出现了转变，19 世纪下半叶信心差会运动兴起，学历较低的传教士大量出现，北美地区掀起了圣经学院运动，著名的有 1856 年成立的司布真学院、1886 年成立的穆迪圣经学院、1894 年成立的多伦多圣经学院和 1900 年成立的布林顿圣经学院等。学院培训的目的是实用性的教育成果，即培训完即刻前往异国他乡工作的传教人员，而不是高等学府象牙塔里的研究人员。信心差会的传教士候选人多数来自这些圣经学院，他们多属于热情洋溢和信仰坚定并具有献身精神的殉教勇士，在人类历史上首次如此大规模全球互动的过程中，他们在各自的传教属地，特别是在非洲的死亡率很高。本书所涉及的西方传教士的宗教背景，亦是如此。

在近代中国，活跃的各个西方基督教差会虽然宣传的是同一信仰，但同时也把门派林立的问题带了进来，造成了多模式、多神学和多风格的中国基督教会组织。在避免不了的摩擦中，各差会基本采取谨慎处理的态度，互相达成共识划分势力范围，以求获得平衡。在华基督教差会中，影响最大的是中国内地会，这是一个跨越宗派性质的国际差会组织，也是来华最大的外国传教团体。内陆偏远山区如西南、西北地区及边远少数民族，都是内地会的重要传教区域和对象。在傈僳族和花苗地区传教的外国差会，主要有内地会、循道会、五旬节会、神召会和基督会等。

（一）内地会

中国内地会（China Inland Mission）1865 年由英国传教士戴德生创办，这是一个跨越基督教宗派，专门向中国内地派遣传教士的国际差会组织。该会的原则是，不分国界，召集一群传教士，他们可以全家搬迁到中国，并且一定要愿意搬迁到中国的内陆地区，包括极为贫困艰险的边疆少数民族地区进行传教工作。

在中国教会的历史研究中，关于内地会的创办者戴德生和另一位英国传教士李提摩太，是两个经典的传教路线代表性人物。这两条路线俗称走下层平民百姓的"戴德生路线"和走上层精英阶层的"李提摩太路线"。

李提摩太（Timothy Richard 1845－1919），英国基督教浸礼会传教士，1870年来华，在中国东北和华北地区传教。他的初期传教模式与内地会别无二样，即通过骑马、骑驴、游走或医疗、发放福音书籍等方式在平民百姓中布道。1876－1879 年北方遭遇大旱，李提摩太积极赈灾筹得巨款，灾民感激之余，称之为"鬼子大人"。这次赈灾使得他与清政府官绅合作，并因此结识李鸿章。李鸿章告知李提摩太，信奉耶稣的中国人中并没有真正的读书人，这次机缘使李提摩太触动很大并意识到上层阶级的重要性，由此将传教路线由下层平民转向上层官员和学者。李提摩太选择了一条与天主教传教士利玛窦相同的方式，即接触上层社会的精英，相信由上至下的信仰改变渠道，并侧重于政治、传媒、教育、科技和慈善等宗教文化交流的领域。而他传教路线的改变，使戴德生十分不悦，并严禁内地会传教士与李提摩太共事同工。李提摩太 1890 年担任天津《时报》主笔，1891 年担任上海同文书会总干事，负责广学会的出版工作，其中《万国公报》和《中西教会报》成为当时中国知识分子吸取现代知识的重要来源，1901 年以庚子赔款在太原创办山西大学堂。他还将《西游记》翻译成英文，并有译作《泰西新史揽要》等。他传播西学、宣传变法的活动，被维新派人士视为精神领袖，在戊戌变法失败后，他曾尽最大努力营救和保护维新派人士。熊月之在《西学东渐与晚清社会》如此评价："在晚清中国，李提摩太是个知名度相当高的人。他集传教士、学者、政客于一身，传教、译书，进行广泛的政治活动，样样搞得有声有色。他没有像赫德那样，在中国政府中取得实质性的位置。他没有像傅兰雅那样，具体介绍过那么多的科学书籍，但他对科学价值的宣传，并不比傅兰雅逊色。至于政治活动，与达官显宦的交往之多，与各种政治力量的接触之广，对中国政局的影响之大，那是晚清任何传教士都不能相比的。"（熊月之 1994：587-588）

戴德生（James Hudson Taylor 1832－1905），英国基督教来华传教士，亦名"戴雅各"。1853 年来华，在中国南方地区传教。1865 年他在伦敦建立中国内地会，1866 年以杭州为中心开始内地会的传教工作，该会针对内地和边疆地区的平民百姓，后陆续在全国多地设有教会。该会的传教士来自英、德、奥、瑞士、北欧、美、加拿大、新西兰和澳大利亚等国的多宗派团体，宗教仪式则按照传教士所属的宗派传统举行。20 世纪 50 年代，该会撤出中国内地，1964 年改名海外基督使团（the Overseas Missionary Fellowship）。戴德生执行的是当时大多数基督教传教士的传教方针，即面对下层民众传教，因而李提摩太的上层传教路线就引起以戴德生为代表的保守派传教士们的反对。戴氏的目的是希望当时四亿中国人的信教人数越多愈好，他坚信如果 1000 位传教士，每人每天向 50 个中国人传福音，连续 1000 天之后，福音就传遍整个中国，而教徒团体的成熟和信仰生命的深度并不是他工作的重点。他有一句名言，"我若有千磅英金，中国可以全数支取；我若有千条性命，绝对不留下一条不给中国"，历史证明，不仅是戴氏，更是内地会的大部分传教士都实践了这个诺言。

相比起来，李提摩太的神学观是倾向较自由的普救论（Universalism）；而戴德生是保守的基要主义（Fundamentalism），因此来华宣教的策略是必须尽快抢救灵魂直接布道，内地会的传教士也大多持此立场。李提摩太的事工原理除了注重传教士的信仰灵性还有优良的学术水平并精通中国文化，他是精英代表的上层文化交流传教路线；而戴德生的事工原理最注重传教士的纯正信仰，不重视文化传教，"高举福音，使人得救"是最重要的事，办小学使信徒识字能读圣经即可，广泛向底层平民工作，尊重当地人的风俗。李提摩太在政教关系上主张寓教于政，而戴德生则主张政教分开。（苏文峰@jonahome.net/bbs/dispbbs.asp?boardid=65&Id=66969）

在傈僳族与大花苗地区传教的差会当中，内地会是最重要的基督教组织。对这两个民族皈依起决定作用的西方传教士，也大多来自不同宗派和国家的同一差会——中国内地会。

（二）循道公会

循道公会（Methodist Churches English）是在花苗地区传教并与内地会并列的两大基督教差会之一，该会属于基督教循道宗（亦称卫斯理宗，Methodists）教会之一，该宗派1729年由英国人约翰·卫斯理创建于英国。创始人约翰·卫斯理为追求个人对上帝救赎的经验并获得不受教派分歧所阻碍的真正信徒团体，在牛津大学组建了"圣洁团契"，会员循规蹈矩地行事和严谨地操练信仰生命，被戏谑地称作"循规蹈矩者"。约翰·卫斯理采取旅行布道的方式，在五十年内足迹遍及了英、德、荷等地，讲道四万多篇，这是属于英国圣公会内部的一场宗教改革运动。由于形式上的分歧，循道宗教会形成了众多的组织。今日循道宗是英国最大的宗派之一，它在美国成立的美以美会、监理会和美普会等，后合并为卫理公会，已是今日美国最大的宗派。"礼仪上，卫斯理的圣咏、守夜、崇拜、爱的主餐，组成了循道礼仪的特色。"（辅仁神学著作编译会1999：654）

18世纪是英国基督教会众音乐的代表性形式——赞美诗获得快速发展的时代，循道宗创始人约翰·卫斯理和他的弟弟查尔斯·卫斯理正是这个发展过程中的重要人物，他们所创作的赞美诗被称为"卫斯理赞美诗"（The Wesleyan Hymns）。约翰·卫斯理着重于赞美诗词的翻译、编辑和出版，1735年，兄弟二人前往美国英属殖民地乔治亚州旅行布道，途中发现摩拉维亚教徒通过唱赞美诗表达信仰，立刻被吸引，受此影响，约翰开始学习德文和编辑赞美诗。1737年，约翰在美国为英国圣公会出版了赞美诗集 *A Collection of Psalms and Hymns*。次年，兄弟二人专程前往学习摩拉维亚教徒的宗教活动和赞美诗，约翰因此把摩拉维亚赞美诗和德文赞美诗翻译成英文，并出版赞美

诗集 *A Collection of Psalms and Hymns* 的第二卷。1739 年和 1741 年兄弟二人出版了第三本和第四本赞美诗集。查尔斯·卫斯理虽没有其兄出名，但他是一位著名的赞美诗词创作者。在教会圣诗史上，他与以撒克·华滋（Issac Watts）、芬妮·克罗斯比（Fanny Crosby）同被列为最伟大的诗人之一。他一生创作了 6500 多首赞美诗词，对无数信徒产生了巨大的影响。18 世纪 40 年代，亨德尔为查尔斯·卫斯理的赞美诗词创作了 3 首旋律，分别是"罪人，听从福音的话语"、"噢，亲爱的神"和"喜悦，上帝是主宰"。同时代的另一位作曲家 J·F·兰佩为他的赞美诗词创作了更多的旋律。兄弟二人在赞美诗的工作上携手合作，更是在传教方面合力为平民百姓复兴布道，并充分运用赞美诗辅助工作，震撼了当时的英国和欧洲。

1761 年，约翰·卫斯理在赞美诗集《神圣的旋律》（Sacred Melody）序言中，写了一些唱诗须知，内容如下（摘要）：

1.在学其他调子前，先学这些调子。2.按乐谱的要求唱 3.要学完唱全本的诗。注意经常参加会众唱诗，不要让任何软弱或疲倦阻拦。如果你觉得唱诗像背负十字架那么难，那就背起它，你会蒙福的。4.提起精神放胆唱。避免唱得像半睡半死的，应当努力提高嗓门使劲地唱。不要怕别人听见你的声音。5.谦逊地唱，不要突出你的声音。要注意与会众唱的声音和谐。6.注意唱歌的速度和节拍，不要唱得太快或太慢。7.最重要的是用灵歌唱。唱诗想着你是在讨神的喜悦，不是为了取悦自己或别人。要能做到这一点，就要专心唱出歌词的意思。以歌为祭不住献上给神，如此必蒙神悦纳。（何守诚 2005：85-86）

（三）五旬节会

19 世纪末 20 世纪初，宗教狂热的福音奋兴运动在美国引发了信徒说方言异语、行异能和医病赶鬼等"灵恩"（Charismatic）信仰治疗行为，五旬节派教会（Pentecostal Churches）由此产生。该派主要流传于美国、加拿大、英国、丹麦、挪威、瑞典和俄国等国，主张继承基督的门徒在五旬节接受"圣灵"的圣经传统。新约记载，耶稣复活后第 40 日升天，第 50 日差遣圣灵降临，门徒们领受圣灵后开始传教，因此每年复活节后的第 50 日为圣灵降临节，亦称五旬节。《新约·使徒行传》二章 1—4 节，关于五旬节圣灵降临的过程和效果是一段具有戏剧性神奇色彩的记载："五旬节到了，门徒都聚集在一处。

忽然从天上有响声下来，好像一阵大风吹过，充满了他们所坐的屋子。又有舌头如火焰显现出来，分开落在他们各人头上。他们就都被圣灵充满，按着圣灵所赐的口才，说起别国的话来。"五旬节派教会认为人在因信称义之后才能成圣，而成圣是上帝的恩典所致。在该派的宗教聚会中，特别注重宗教的情绪和兴奋的表现，祈祷气氛十分狂热，认为说方言的"语言恩赐"是在"圣灵内受洗"不可或缺的标记。该派包括许多在组织上互不统一的独立教会，如神召会、圣洁会和使徒信心会等。

在教会历史研究上，五旬节派教会是灵恩运动（天主教称"神恩复兴运动"）的初始部分产物，其运动的源头还可追溯更早。该运动以 20 世纪 50 年代左右为分界线，之前的称为旧灵恩运动，之后的称为新灵恩运动。20 世纪上半叶的中国教会，灵恩运动在山东地区十分盛行，教内史称"山东大复兴"，此时在中国首次开始流行"灵恩运动"一词。这种"灵恩"的特殊宗教经验和行为，被拥有相同信仰却没有相同宗教经验的教会所排斥，但其运动的发展速度十分惊人，影响力广大，随后基督教各宗派逐渐接受，不过在新灵恩运动之后，各教会均以自己的传统解释圣经。在天主教内，神恩复兴运动同样影响巨大，并成为天主教有史以来发展最迅速的运动。五旬节会主要在云南怒江的兰坪县传教，多为傈僳族信徒，有极少数的白族和汉族信徒。

（四）神召会

五旬节教派中最大的一个教派是神召会（Assemblies of God），1914 年在美国成立，并在世界上大部分地区建立了教会。他们自称是"经验上的五旬节派，世界观上的福音派，对待圣经是基要主义"。福音派是积极从事国内外传教事业的基督教教会，历史上指几个较为悠久的基督教教派，在宗教改革时期专指路德宗，18 世纪欧洲大陆及英美福音奋兴运动兴起了福音派，20 世纪美国数个教派的开明派与基要派对立，基要派大多自称福音派。基要主义作为一种神学主张，是基督教信仰的基本要义及基督教神学的基础，其秉持五点基本要道：承认圣经字句无错谬、耶稣基督是神、耶稣是童贞女玛利亚所生、耶稣为人类代死而使人类与上帝重新和好、人类终将身体复活且基督将以肉身再次降临人世。现代主义和自由主义神学是基要主义神学的对立面，基要派主要流行于美国，无统一的组织。神召会自认的神学观是基要主义，即坚守圣经的唯一权威性和无谬性。神召会的特征是强调圣化，除了受洗皈依因信称义之外，还有圣灵的洗礼、圣灵降临、特别是灵恩之顶峰的说方言异语和医病赶鬼等信仰治疗行为，这是五旬节教派最富代表性的特征。这些异能通常会吸引教育、社会地位以及财富层面有限的人群，但也有部分神召会的情况并非如此。神召会并不将宗教仪式崇拜放在中心主要位置，反之却强调信徒的自由参与，聚会中充满浓厚的情绪主义色彩，讲道也偏重基督的赎罪代价、圣礼的洗礼以及基督再临等内容。神召会主要在云南怒江州的福贡县和兰坪县传教，主要是傈僳族、怒族和极少数的白族、汉族信徒。

（五）基督会

基督会（Disciples of Christ）亦称"坎伯尔派教会"，19世纪初期成立于美国，先后称"华盛顿基督徒社"、"基督门徒会"、"改革浸礼会"等，1886年传入中国，译称"基督会"（俗称"使徒会"），该派主张基督教教会重新合一回到初期教会的模式，赞同全身浸入水中的洗礼仪式。基督会主要在云南怒江州的贡山县和福贡县部分地区传教，信徒多为傈僳族以及部分独龙族和怒族。

二、基督教在傈僳族和花苗地区的传播概况

（一）基督教在傈僳族地区的传播

1908年基督教传入云南腾冲地区的部分傈僳族村寨。1913年缅甸八莫内地会的缅甸籍克伦族青年传教士巴托，经腾冲到傈僳族的主要聚居地云南怒江地区传教。英籍传教士富能仁是第一个到傈僳族地区传教的西方传教士，他1912年开始在腾冲地区傈僳族传教，1919年已是滇西内地会负责人的富能仁到怒江地区泸水县传教，由于民族差别和语言问题，怒江地区的早期传教活动未能奏效，这也是导致富能仁一干人创建文字以至老傈僳文诞生的直接原因。1920年富能仁在保山县城北门设立福音堂。1931年，内地会美籍传教士杨志英在泸水县成立"麻栗坪基督教会"，这成为怒江地区基督教活动的中心。

1930－1950年前后是怒江地区传教的高峰期，大批外国天主教和基督教传教士来到这个偏僻穷困的滇西北峡谷。在此二三十年间，基督教在怒江各处扎根，各差会之间达成协议划分教区：杨志英负责泸水县教区，内地会美籍传教士杨思慧负责碧江县（现已拆并）教区，神召会美籍加拿大传教士马

道民负责福贡县庆咱以南的村寨，基督会美籍传教士莫尔斯成立的中华基督教会（后改名"滇藏基督教会"）负责贡山县和阿达嘎以北的村寨，五旬节会英籍传教士傅培德负责兰坪县教区。同时在怒江也形成了以外国传教士为主的四个教会组织：泸水内地会、碧江内地会、福贡神召会和贡山基督会。这些差会的传教路线是从中国傈僳族地区向中缅未定区逐步推进，在滇西和缅甸北部的傈僳族中形成了多种教会并存的局面，并涉足怒族、独龙族、景颇族、拉祜族和克伦族等多个少数民族的范围，形成一种跨越国境、种族和教会的宗教区域文化。

1949 年前后，各差会的一些外国传教士和傈僳族信徒将教会迁往缅甸，延续着中国境内的发展。1951－1952 年间，怒江各县教会响应中国基督教会号召进行"自治、自养、自传"的三自爱国革新运动，外籍牧师陆续出境。1957－1978 年间，受一系列政治运动及文化大革命的影响，宗教活动一度被禁止。十一届三中全会以后，宗教信仰自由政策贯彻执行，傈僳族教会恢复正常活动。1982 年之后各地傈僳族教会逐渐活跃起来，传统的圣诞节和复活节恢复举办。1984 年之后，短期培训班在傈僳族教会开办。从 1985 年开始，基督教三自爱国会在怒江州各县及维西、盈江等县先后建立。1988 年，怒江州三自爱国运动委员会和基督教协会（俗称两会）成立。1990 年之后，傈僳文圣经培训班在云南各地的傈僳族教会陆续开办，傈僳族基督教圣经学校也开始建立。进入 21 世纪，教会的培训内容越来越丰富，至 2009 年怒江州基督教两会在贡山县先后举办教牧人员培训 4 期、妇女事工培训 5 期、执事培训 1 期、预防艾滋病培训 1 期、电子琴培训 1 期、吉他培训 1 期、乡村针灸疗法 2 期、传道员九月制培训 3 期和提高班 2 期，培训达 1600 多人次。（《贡山县宗教工作情况》内部资料）

傈僳族教会组织管理如下："密鲁扒"是教会会长、副会长，为教会事务总管；"马扒打玛"是牧师；"密支扒"是执事或管事，为教会事务小总管；"马扒"是传道员，低于牧师一个教职品级；"瓦恒苦扒"是礼拜长，是领导礼拜者；"普寡扒"是财务，保管教会财产和负责奉献事务。

傈僳族基督教的主要仪式有每周三、周六晚教堂聚会点的晚祷告礼拜，每周日早中晚三次的主日礼拜，以中午的最为重要，每周共有五次礼拜。教会圣礼有圣餐和洗礼两件，每月第一周的主日礼拜举行圣餐礼，洗礼的时间根据各堂的情况而定，在户外的小河或水塘中施行浸水礼。信徒结婚先办理法定结婚登记手续，再指定教会管事或传道员作证婚人在教堂举行婚礼。教会节日主要有圣诞节、复活节和感恩节：12月25日的圣诞节最为隆重，由各教会轮流定点的方式举行；复活节时间为每年春分月圆后的第一个周日，约为三、四月间；感恩节时间为十至十一月间，各地根据庄稼秋收的时间举行感恩庆祝活动，并奉献钱粮帮助穷人。

（二）基督教在花苗地区的传播

1877年（清光绪三年），内地会英籍传教士祝扬名和巴子成来到贵州贵阳，修建住房和礼拜堂，建立"贵州省基督教内地会办事处"。1884年，内地会英籍传教士白礼德到贵州安顺传教。1888年，内地会英籍传教士党居仁到贵州安顺协助白礼德工作，向苗、彝族传教。1896年内地会以炉山县为据点吸收苗族入教，英籍传教士明鉴光偕苗族传道员潘寿山、潘世英二人到旁海正式建立教堂。内地会英籍传教士柏格理是苗族教会中影响力最大的外籍传教士，1887年他和本国同事台慕廉被任命前往中国教区，次年进入云南昭通为汉人传教，并以此为中心，在云贵川三省苗、彝族地区发展教会。1902－1904年，柏格理试图进入云南四川交界的诺苏（凉山彝族）地区传教，但没有成功。1903年花苗张姓兄弟、张雅各、张约翰和潘隆碧（信教后起的名）四人从贵州威宁县兴隆厂迁往朗岱县懒龙桥，在安顺遇见党居仁牧师，他们留住七日第一次听到福音并获得了帮助，后陆续有花苗前来寻求帮助并希望慕道。因大部分花苗村寨距离云南昭通地区更近，党居仁让花苗带信前去寻找柏格理。1904年7月12日柏格理在昭通为花苗施行礼拜，正式接纳他们入教，花苗信教遂以此年为标志，正逢农历龙年，教内称"龙年得道"。

1905年，柏格理在贵州威宁县石门坎建立了石门坎教会和学校。同年至次年，柏格理和内地会澳大利亚籍传教士郭秀峰深入滇北地区，在武定洒普山筹建苗族教会总堂和学校，

这成为滇北基督教文化教育中心，培训人员来自贵州石门坎教会和学校。1907－1917年间，郭秀峰分别派美籍传教士张尔昌建立撒老乌黑彝族总堂、英籍传教士高兴田建立滔谷傈僳族总堂、苗族人马有理和张尔昌建立阿古米干彝族总堂、外籍传教士李德福建立老把傣族总堂、英籍传教士巴希田建立新哨白彝族总堂等。1923年，郭秀峰主持成立"基督教内地会滇北六族联合会"，称"滇北六族联合会"。1944年，苗族人王志明被选为洒普山苗

族总堂会长，并主持滇北六族基督教总堂年会。1949 年，元谋汉族总堂申请加入联合会，"滇北六族联合会"更名为"滇北基督教七族联合会"。1950 年联合会结束，一切宗教活动停止。1963 年苗族牧师王志明被捕，于 1973 年处决，1980 年政府为他平反并修建墓碑。1998 年作为唯一的中国人，也是唯一的苗族人，王志明被英国伦敦威斯敏斯特大教堂列为"二十世纪十位杰出基督教殉道者"之一，他的雕像被刻在大教堂的西门上。

20 世纪十一届三中全会宗教政策落实之后，苗族教会获得全面恢复发展，"自治、自养、自传"的原则基本建立。1986 年花苗史上的第一个教会贵州葛布教会礼拜新堂新建竣工，进行了为期三天的感恩礼拜，共有两千余人参加聚会。2004 年葛布教会一百年周年纪念，编纂了《基督教葛布教会百年史 1904－2004》，并于 8 月 13－15 日举办了盛大的庆典。20 世纪 90 年代，贵州省基督教两会主席唐荣涛牧师在盘县创办学制三年的"贵州省基督教神学班"，至今共培养贵州青年传道人 200 多人，其中苗族有 80 多人。云南省的苗族教会积极举办苗文培训，出版新旧约苗文版《圣经》。近两年由于合唱逐渐走入大众视野的昆明和楚雄地区的苗族教会，正面临一个文化转型的阶段。云贵两省的苗族教会现状不完全相同，虽总体发展呈上升趋势，如基督教堂逐年递增等，但贫困和教育水平低下依然是乡村建设和乡村教会建设的难题。

三、傈僳族和花苗地区的代表传教士

（一）傈僳族地区代表传教士

1、James Ostram Fraser 富（傅）能仁

英籍传教士 James Ostram Fraser（1886－1938），中文名富（傅）能仁，家境富裕，擅长音乐和数学，伦敦皇家学院工程系毕业。1906 年富氏在伦敦接触了"剑桥七杰"之一、内地会传教士施达德（Charles Thomas Studd），首次了解到中国内地会组织并深受感动，大学毕业后申请加入，终获得批准。1908 年前往中国安庆学习汉语，次年由缅甸前往云南开始传教工作。富氏首先在腾冲向汉人传教，但多年努力效果不佳，在市集上他结识了土著傈僳族，于是独自一人前往保山传教，从此开启了他三十余年在怒江大峡谷傈僳山区的传教生涯之路。1912 年腾越成立可容纳 45 人的传教站点，美籍加拿大传教士高漫（Carl Grant Gowman）加入工作。同年缅甸克伦族浸礼会传教士巴东（Ba

Thaw）与富氏首次见面，二人商定创制傈僳文字事宜。1913 年，富氏和高漫前往傈僳山区参加婚礼并前去传教。1915 年 10 月至 12 月，英版《亿万华民》（Some Observations on Mission Work in China）连载发表了富氏的论文"中国宣教工作概览"，该文分析了汉人难以接受基督教的原因。至 1917 年，在富氏等人的努力下，已经有 160 户约 800 余傈僳族人皈依。此后，他回上海治病，病愈后回到腾冲并前往缅甸密支那，与在当地的美国浸信会傈僳族传教士合作翻译傈僳文新约《马可福音》，并逐步完成《基本信仰问答》、《诗歌》、《儿童祷告书》和一本小字典等傈僳文书籍。

1917－1919 年，富氏在与巴东和傈僳族信徒摩西等人的合作下，用拉丁文字母倒置的傈僳文字终于创制成功。随即傈僳文圣经知识问答被翻译出来，并于 1919 年在仰光全缅浸礼会总部印刷出版，其中还刊印了部分巴东翻译的傈僳文赞美诗。1921 年《约翰福音》翻译完成。随后富氏担任滇西地区中华基督教内地会总负责人，他将翻译圣经的任务交给杨志英夫妇和杨思慧夫妇。1936 年，富氏与杨思慧夫妇、傈僳族信徒旺丽和友毕等人，一起共同审定了傈僳文新约圣经 27 卷的译稿，后在缅甸制版付印，初版印刷费耗资一百多英镑，由中国满洲的信徒奉献支付。1938 年富氏在保山发生意外逝世并安葬于该城，享年 52 岁。

关于富能仁的生平，主要有两本书籍。内地会创始人戴德生次子戴存义的夫人，英籍传教士金乐婷 Mrs. Howard Taylor（国人称戴存义师母）撰写了很多内地会传教士的传记，富能仁位列其中，该书名为 *Behind the Ranges: The Life——Changing Story of J. O. Fraser*，出版发行 Lutterworth Press, China Inland Mission 1944 年版。另外一本，由富能仁之女 Eileen Crossman1982 年为其父出版传记 *Mountain Rain: A New Biography of James O. Fraser*（OMF Books）。1989 年，香港宣道出版社出版了此书的中译本《山雨——富能仁新传》。2008 年为纪念富氏来华一百周年，香港海外基督徒使团根据该书的内容取材，与傈僳族教会联合录制时长 36 分钟的 DVD 光盘《曙光初露——傈僳使徒富能仁》，节目由英语、普通话和粤语配音，附简繁体中文字幕。

2、Allyn B. Cooke & Leila R. Cooke 杨思慧（杨智敬）& 伊丽莎白夫妇

美籍传教士 Allyn B. Cooke，中文名杨思慧（杨智敬）（1896－1990），傈僳人称阿益打，擅长小提琴，据信徒回忆他是美国某管弦乐团的成员。他 1918 年毕业于美国洛杉矶圣经学院，1918 年参加内地会，先在大理传教，1920 年

被任命为牧师，并前往怒江傈僳族地区传教，1922 年接替富能仁的工作，1926 年完成旧约傈僳文精选本翻译，1927 年被派遣到云南临沧地区耿马县福音山工作，翻译新约《使徒行传》和《赞美诗歌曲集》。1944 年同是传教士的妻子伊丽莎白在福贡县去世，后续弦 Ester Freeman Cooke 杨文德，1945 年第一本傈僳语福音期刊出版，同年傈僳族基督教联会成立。1949 年杨思慧因病离开度过近三十个年头的云南省，从此离开中国。1951 年他与续弦妻子杨文德来到泰国传教，并继续进行旧约圣经的傈僳文翻译工作。1960 年返美，1961－1965 年在加拿大草原圣经学院（Prairie Bible Institute）任教。1966 年定居美国俄勒冈州，继续翻译校对傈僳文新旧约圣经。1967 年圣经公会印制傈僳文新旧约圣经，至次年在香港正式出版。1977 年夫妇二人再次到达泰国北部傈僳族地区，指导傈僳文圣经的校对工作。他有一台专门的傈僳文打字机，专为亚洲的傈僳族教会打印经文和讲义，去世前他将这台打字机送给缅甸傈僳族浸礼会秘书长杨约秀。1990 年 94 岁的杨思慧在美国逝世。

美籍传教士 Leila Robinson Cooke（1895－1944），伊丽莎白，杨思慧的第一位妻子，极受傈僳人爱戴，傈僳语称阿子打。她擅长音乐、家政和绘画，还是一位妇儿科医生。伊丽莎白 1933 年在怒江福贡县里吾底村传教并翻译《罗马书》，1937 年参与傈僳文新约全书的修订工作，并与丈夫杨思慧携初稿至上海排版印刷，至 1939 年该书面世运输到傈僳族信徒的手中。1944 年她在山区讲道途中患病无法医治逝世于怒江福贡县里吾底村，并葬于村中。

伊丽莎白曾出版了两本自传性书籍：*Honey Two of Lisu-land*, China Inland Mission 1933（Mrs. A.B. Cooke, with illustrations by Norman Baker）和 *Fish Four And The Lisu New Testament*（Leila R. Cooke, China Inland Mission 1947）。夫妇二人另有一本关于花傈僳新约圣经的书籍：*New Testament in Hwa Lisu*（Allyn B. Cooke & Leila Cooke, China: British & Foreign Bible Society 1938）这三本书当代没有再版。史富相在〈傅能仁、巴东和杨思慧夫妇〉文中，提到了她有一本回忆录，名为《傈僳人旺丽和傈僳文圣经》，文中摘录了夫妇二人因何离开福音山来到怒江地区一事。

3、John Becker Kuhn & Isobel Selina Miller Kuhn 杨志英&杨宓贵灵夫妇

美籍传教士 John Becker Kuhn（1906－1966），中文名杨志英。1929 年抵达中国上海学习了 8 个月的汉语，随后到云南大理、腾冲、耿马和怒江泸水麻栗坪教会传教，1931 泸水基督教会在麻栗坪村建立，为了巩固发展教会，

1934 年杨志英等人建立了麻栗坪教会学校，开办圣经学习班培训神职人员，他不定期在学校讲课。该学习班每年一期为期 3 个月，均为傈僳族信徒，一直办了 16 年，培养了一些傈僳族牧师。学校还开办了 3 期妇女学习班，培训女性信徒。麻栗坪教会学校吸引了周边县市甚至缅甸的信徒前来培训，成为傈僳族教会的发展中心。1941 年日军侵犯怒江，杨志英担任中美军民之间的联络官，任中校军衔。他 1950 年回国，后到泰国北部和缅甸的傈僳族地区传教，1966 年在美国华盛顿逝世，享年 60 岁。

加籍传教士 Isobel Selina Miller Kuhn（1901－1957），中文名杨宓贵灵，杨志英之妻，傈僳人称阿子吾。在教会史研究上，杨宓贵灵比她的丈夫杨志英更为知名，原因是她著述了数本书籍，均是关于个人信仰以及她们夫妇二人传教经历的自传性回忆录，其中的数本在当代多次再版，并翻译成中文。杨宓贵灵毕业于不列颠哥伦比亚大学英文系，曾在温哥华小学任教三年。1924 年她听到富能仁的事迹后深受感动，决定前往傈僳族地区传教，随后进入慕迪圣经学院培训。1928 年杨宓贵灵由内地会派往中国，次年与杨志英结婚。1934 年夫妇二人在怒江大峡谷傈僳族地区传教，麻栗坪教会学校的圣经学习和唱赞美诗等课程，主要是由杨宓贵灵和美籍牧师必得毕德生教授。1950 年夫妇二人离开中国，继续在泰国北部傈僳族地区传教直至 1955 年，1957 年她因患癌症在美国去世。杨宓贵灵的书籍大多是在离开中国后著述，以下逐一列出：

（1）*By Searching: My Journey Through Doubt into Faith*, Moody Press 1959

中译本《寻》台北中国主日学协会 1996

（2）*In the Arena*, China Inland Mission/OMF Books 1959

中译本《我成了一台戏》台北中国主日学协会 1992

（3）*Green Leaf in Drought (The story of Arthur & Wilda Matthews, the last CIM missionaries to leave China)*, Moody Press 1957

中译本《绿叶常青——最后撤离中国的内地会宣教士》香港海外基督徒使团 1993

（4）*Stones of Fire*, China Inland Mission 1951

（5）*Ascent to the Tribes: Pioneering in North Thailand*, Moody Press 1956

（6）*Precious Things of the Lasting Hills*, China Inland Mission 1938

图片 1-1

（来源 http://www.msusurplusbooks.com/servlet/the-1242/precious,-things,-lasting,-hills,/Detail）

（7）*Second Mile People*, OMF Books 1982

中译本《同行二里路》香港海外基督使团 1998

（8）*Nests Above the Abyss*, China Inland Mission 1947

中译本《深渊上的居家》香港海外基督使团 1998

（9）*Children of the Hills*, OMF Books，时间不详

（10）*Whom God Has Joined*, OMF Books，时间不详

（11）《多走一里路就是一台戏》世界图书出版公司北京公司 2013（《同行二里路》＋《我们成了一台戏》两部自传）

杨宓贵灵大部分书籍的英文简介，可详见海外基督徒使团 OMF 的网站。[3]另外，还有几本为杨宓贵灵著述的书籍：Canfield, *The story of Isobel Kuhn*, OMF Books 1959. Dick Lois Hoadley, *Isobel Kuhn*, Bethany House Publishers 1987。（中译本：狄贺妮著，徐成德译《傈僳女使徒一杨宓贵灵》香港大使命基督徒团契 1996）

---

3 www.omf.org/omf/singapore/resources/books/isobel_kuhn

（二）花苗地区代表传教士

1、Samuel Pollard 柏格理

英籍循道公会传教士 Samuel Pollard（1864－1915），中文名柏格理，出生于卫理公会的工人家庭。他毕业于英国希博尔公学，没有上大学就工作担任公务员。1885 年英籍传教士李文斯顿在非洲传教的传奇经历使柏格理深受感动，1887 年柏格理和他的同学邰慕廉前往中国安庆培训汉语，随后他们坐船出发，于1888年到达云南昭通传教。1893 年首批皈依者受洗，同时教堂也建立起来。他在传教的同时也兼任医生，与妻子和同工们一起创立了天足会、中西学堂和女子识字班夜校，还在劝诫禁烟、反对婚姻陋习和禁止酗酒等方面做出积极的努力。1905 年四位花苗族人找到柏氏要求皈依，这一举动开启了二者之间甚为久远的渊源。柏氏从此进入苗乡传教，深感于花苗的极度贫穷落后和地位低下等现实困境，他接下来的系列行为和此后的效应从此扭转了这个族群的命运。

柏氏在传教之余，首先与精通英文的汉族信徒李斯蒂文、苗族信徒杨雅各、张武一起研究，以拉丁字母为基础，结合苗族衣服上的符号花纹，于1905 年创立了一套简明易学的苗族拼音文字。这种文字被称为老苗文，或波拉德苗文、柏格理苗文等。随即苗文圣经和赞美诗逐步被翻译出来，苗文学习教材也编辑出版。1906 年教会学校开办，招收苗族信徒。很快，周边县市的苗民，甚至连彝族土目的子女也被学校所吸引。1908 年柏氏募集款项，在石门坎修建了小学，学校有一幢带有烟囱和壁炉、可容纳两百多人的教学楼，后陆续修建宿舍、礼堂、足球场和游泳池等。学校向贫穷的孩子和作奴隶的苗民开放，学校实行苗语和英语的双语教育，开中国近代男女同校之先河，倡导民间体育运动，从这里培养出了苗族第一个医学博士吴性纯。柏氏创建了乌蒙山区第一个西医医院和第一所苗民医院，帮助人们种牛痘预防天花，还帮助麻风病患者，他的继任者延续了这个责任，并建起了滇东北、黔西北最早的麻风病院。1915 年伤寒病席卷石门坎小学，柏氏在治病救人的同时受感染并逝世，被安葬于此地。

柏氏的故事在 21 世纪被重新关注，由于他在贫困山区教育和卫生等方面的努力所带来的巨大变化，使得中国领导人为之关注：

> 胡锦涛总书记原在贵州任省委书记时，教育贵州的干部要学习
> 柏格理的敬业和奉献精神，他说："公元一九零四年，一个名叫柏

格理的英国人来到了贵州毕节地区威宁县的一个名叫石门坎的小村，那是一个非常贫穷、荒凉的地方。他带来投资，就在这块土地上盖起了学校，修起了足球场，还建起了男女分泳的游泳池。他用英文字母仿拼当地的老苗文，自编了‘我是中国人，我爱中国’这样的教材，免费招收贫困的学生。后来，一场瘟疫，当地的百姓都逃走了，他却留下来呵护他可爱的中国学生。最后，瘟疫夺走了他的生命。柏格理去了，在中国一个荒凉的小村里，留下了他的一个坟墓，留下了他培育出来的一代中华精英。有人统计，这里出过 3 个博士，培养出中共厅级干部 20 名。他传播了知识和西方文化，留下了奉献和敬业精神。至今这个小村，老人们尽管不识字，居然能说上几句英语。柏格理用实践告诉人们：进步的科学文化和艰苦创业，可以在贫困的落后地区，实现教育的超常规发展。”2005 年，时任贵州省委书记钱运录，在调离贵州之前，胡锦涛总书记专门打电话给他，要他在贵州工作期间，一定到石门看一看，关注石门的发展，帮助石门群众解决生产生活困难。（冷智@新华网）

云南民族出版社 2002 年出版了柏格理等著、东人达等翻译的《在未知的中国》一书，主要为传教士书信，包括柏格理著《中国历险记》；柏格理、邰慕廉著《苗族纪实》；柏格理著《在未知的中国》；王树德著《石门坎与花苗》；甘铎理著《在云的那一边——柏格理传记》；甘铎理编《柏格理日记》和张绍乔、张继乔著《张道惠夫妇在石门坎 1904－1926 年》等 7 部传教士日记或回忆录，这本书目前成为研究花苗基督教历史最重要的一手资料。此外，中国基督圣教书会 1939 年出版了一本纪实柏格理的传记 *Samuel Pollard amongst the Miao*，中译本《苗族救星》（古宝娟女士、饶恩召牧师译述）。2008 年 CCTV 纪录频道《见证·发现之旅》节目，播出了柏格理的三集专题片《在天那边》。大象出版社 2009 年出版了《用生命爱中国——柏格理传》一书。

2、J. R. Adaems 党居仁

英籍内地会传教士 J. R. Adaems，中文名党居仁。他在苗族地区的传教工作由内地会差派，属开荒阶段，早于柏格理等人循道会的工作。党居仁时期的传教时间为 1904－1915 年，是花苗教会创立和巩固的时期。贵州安顺是内地会在贵州最早建立的传教点之一，1884 年开办，1888 年由党居仁接办，同时他还邀请当地饱学之士为教会义学的男女校教师。苗民信教并非易事，党

居仁学习苗语、巡回布道、开办学校和培养骨干，并用用幻灯片讲解，还开设福音医院、小学和戒烟局等吸引苗民信教。1899－1900 年，党居仁在安顺多地苗寨建立教堂和学校，吸纳了花苗和水西苗（小花苗）的信众。1902 年大花苗四位族人找他帮助，为其被抢的猎物通过官府索回，事成之后苗民兴奋地宣称"安顺出了苗王"，从此威宁等县的苗民翻山越岭到安顺听他讲道。次年他在云南昆明建立云南内地会，同时到贵州赫章一带考察，并于 1906年在此地建立了一座能容纳千人的教堂，建筑呈砖木结构、瓦顶，分礼拜堂和宿舍，并附设小学一所，这就是花苗最早的教会——葛布教会。党居仁在这一年为 240 名信徒举行了圣餐礼，并为 180 名新信徒实行洗礼，但对于来自更远的滇黔边境上的苗族，他深感鞭长莫及，于是写信介绍他们去云南寻找循道公会的柏格理牧师，此举从此改变了乌盟山花苗的历史。党居仁和柏格理大致在同一时段于花苗地区传教并建堂，由于他们属于内地会和循道公会两个不同的宗派，教义、教制等均不相同，为避免矛盾，1914 年两派的英籍代表共同商议划分界线，这两个不同宗派治理的教会，在几十年后也出现了不同的兴衰结果。

花苗教会中还有很多彝族信徒，党居仁曾试图用罗马文翻译成苗文和彝文，这套苗文曾在葛布教会风行一时但没有普及，而彝文至今仍有人保存使用。1921 年以葛布为中心称作教区，花苗和彝族被划分为两个教会，此分法一直沿用至今。

第二章 基督教音乐文化的源流

第一节 基督教音乐的历史发展

一、16－18世纪的欧洲基督教音乐

16世纪欧洲的宗教改革产生了分裂于罗马天主教会的基督教，也称抗罗宗、更正宗 Protestantism 等，意与天主教之旧教相对。基督教对天主教礼仪的改革，主要集中于两点教义：弥撒圣祭的本质和圣体变质说。基督教拒绝以弥撒仪式作为祭祀（弥撒圣祭的本质），并且不同意代表基督身体和血的饼和酒，变成基督真正的身体和血的教义（圣体变质说）。

在崇拜学上，东正教和罗马天主教被称为"古礼仪教会"。基督教的传统教会——路德宗（信义宗）、加尔文宗（改革宗）和圣公宗被称为"国家教会"，意指某些国家的官方教会，如信义宗是德国的官方教会，圣公宗是英国的官方教会。16世纪末17世纪初，一些独立的宗教经验和观念思潮，为基督教带来了不被统一理念所禁锢的许多新宗派，如重浸派、公理会、贵格会，以及后来的门诺会、弟兄会、五旬节会等被称为独立教会或自由教会。此类教会反对程式化的宗教礼仪，蔑视如国家教会之类的高派教会的训令，寻求个人宗教心灵的自由和更新。

（一）传统教会——路德宗

1、马丁·路德与音乐

马丁·路德对音乐非常重要的贡献在于，他的思想使音乐由一门思考的

科学成为一门实践和表演艺术，并特别关注音乐与圣经文本的亲密关系，从此解放了中世纪教会音乐的各种束缚，使之成为"欢呼之声的福音"、"活泼的福音之声"。(Carl F. Sehalk 2009：79) 马丁·路德本人的音乐造诣很高，他的歌声动听并擅长演奏琉特琴。他对同时代文艺复兴音乐大师若斯坎（Josquin des Prez）的评价极高，称他为"音符的主人"，若斯坎优美精妙的复调音乐作品极受路德的推崇。路德特别也赞叹另一位天主教音乐家路德维希·塞弗（Ludwig senfl）的作品。他有一段对复调音乐生动而唯美的解释：

> 这是多么奇异和美妙啊！一个声音唱着谦逊的旋律（或男高音，就如音乐家所称）同时三个！四个或五个其它的声音也在歌唱；这些声音在丰盛的欢乐中围绕着主旋律一起嬉戏荡漾，并且用不断变化的技艺与和谐的声音令人惊奇地装饰和美化着主旋律，在天国的回旋曲中友好的爱抚，亲密的拥抱；因此，任何人若能理解一点这样的音乐，一定会被感动并且会极大地惊叹，而且会得出这样的结论，就是在这个世界上没有任何东西比一首用许多声音装扮的歌曲更为珍贵。(Carl F. Sehalk2009：93-94)

在同时代的基督教改革者中，路德是唯一一位高度赞美音乐在宗教中作用的神学家，这一点与同时期其他的革新者截然不同，因此也带来了各国音乐发展的迥异结果。

> 音乐是上帝赐给我们的最可爱且最尊荣的恩赐之一。撒旦恨音乐因为音乐有拒绝试探、消灭邪恶思想的能力。魔鬼对音乐是不感受兴趣的。音乐是最高尚的艺术之一。音乐能使字句生动起来。它能消除人的忧虑。这在扫罗王的历史中可以看出来。音乐是医治忧伤心灵的良剂，因为他能苏醒人心，使人重新得到喜乐和满足。音乐是上帝的一种恩赐，正好像神学一样。我不愿意我拿一点音乐恩赐换取世界上的任何宝物。我们应该把这种艺术教给少年人学习，因为它可以使人更加聪明伶俐……（颂主圣诗序）（马丁·路德2003：308）

路德作为一个神学家，把音乐放在仅次于神学之下的极高位置，并且把音乐同神学紧密相联，使其成为一门实践艺术：

> "不变地、彻底地赞美上帝和他的创造（并且）引导人为了上帝而实践这种艺术，教导人更好地理解上帝的话语，预备人的心接

受神圣的恩典，同时使人变成更好的人和一个快乐的基督徒，赶走恶魔和恶习。"路德的观念具有真正的改革性，这个观念把音乐的重点由作为一门科学的思索转到音乐实践，音乐成为表演艺术"他沉浸在音乐的各个方面，音乐对于他个人和家庭生活的影响，以及他给予音乐在教会中如此高的显著地位，这些都是音乐在他生命中所占据位置的明确证据"（Carl F. Sehalk2009：90-91）

为了配合"信徒皆祭司"的核心神学，路德成为第一位将圣经翻译成拉丁文以外文字（德文）的宗教领袖。他深爱陪伴他成长的文艺复兴复调音乐和天主教传统中的美感，他在改革中尽可能地保留了很多弥撒礼仪的精美仪节以及教会的拉丁文圣乐，同时将其翻译成德文，创造了宗教改革所需要的音乐——德文弥撒。该弥撒原始版本共 39 页，其中 31 页包含谱例，路德提供了大量的音乐范例说明哪些部分经过了改动。这种较简单化的弥撒音乐适合小城镇的教堂，而大教堂的高音乐水准可以演奏各种难度的弥撒音乐，路德宗的教会音乐因此丰富多彩。

路德本人也创作会众赞美诗（众赞歌）、圣咏和复调音乐等，他创作乐曲旋律，也谱写歌词或参与修订歌词。被称为宗教改革"马赛曲"的"上帝是我们的坚固堡垒"就是他的作品，此曲旋律采自当时的民间流行曲调，歌词由路德意译自圣经诗篇 46 篇。路德广泛采用民间音乐作为教堂的礼拜旋律，他认为这是将世俗音乐神圣化的作法，这对很多其他基督教宗派来说几乎是亵渎性的。路德认为赞美诗有三种功能：神学的（表明信徒皆祭司的真理）、敬拜的（保持天主教弥撒中他认为合乎正统的）及教导的（传递路德的教义）功能。1523 年路德的第一本歌集《新宗教歌曲》出版，其中只有 8 首四部和声的赞美诗。1527 年歌集增至 63 首，1545 年增至 125 首，全德人民都会唱这些基督教德语赞美诗。由于对圣经经文的重视，经文歌词一直处于音乐的中心地位，而路德所指的音乐即是带圣经文本歌词的音乐。

路德深受自己在儿时所受的音乐教育影响，也极为关注儿童的音乐教育。在路德派教会，男童会接受系统的音乐训练，从学习演唱简单的歌曲到四至八个声部的赞美诗。他的教育理论由其追随者在基督教的日耳曼地区广泛实施。路德的音乐观念对教会音乐和古典音乐的影响巨大，在那个时期的路德宗教会里，复杂的格里高利圣咏和复调音乐以及较简单的赞美诗众赞歌都得到了均衡发展，这一切都为巴赫家族和德国古典音乐文化的巅峰期培育了无价的优良土壤。

海因里希·许茨是德国在巴赫之前最伟大的路德宗作曲家，被称为德国近代音乐之父。他有 500 多部融合了意大利和德国风格的宗教音乐作品被保留下来，他的宗教音乐作品成为巴赫之前的最高典范。而被认为三百年来真正了解路德的唯一之人——J·S·巴赫，他成长在路德宗正统学派的思想中，其艺术成就的文化根基就是德国宗教改革的传统。巴赫和其他的基督教作曲家用音乐表达个人对教义的见解，对广大会众来说，这些音乐家是圣经经文的告知者和解释者。巴赫的艺术成就是路德宗虔诚信仰的最高造诣，他的作品使人无法分辨世俗与宗教的痕迹，这种均衡的教会音乐正是路德所期望的。

（二）传统教会——加尔文宗

加尔文宗的神学家茨温利在使用德语的瑞士开创宗教改革，而影响力最大的改革者加尔文将其发展到了法语社会。他们均拒绝一切和天主教相关的东西，包括复调音乐，他们认为这是"罗马教皇派的魔鬼之作"。作为受过高等教育的音乐家的茨温利完全排斥所有的音乐形式在宗教礼拜中的使用，他认为音乐只适合于个人，唱歌会干扰信徒与上帝沟通时的注意力，但他的观念远不及加尔文的影响巨大。

加尔文同样认为音乐干扰信徒崇拜上帝时的注意力，并告诫人们应尽力避免音乐所带来的审美愉悦，他解散了唱诗班，他的信徒拆除了教堂管风琴，但他没有像茨温利那样极端地完全排斥教会音乐，而是限制使用，如同该教派一般，加尔文也被称为音乐清教徒。由于对上帝的主权和圣经绝对权威性的神学强调，加尔文对教会音乐的使用有三项反对：反对圣咏及绝大部分的复调音乐、反对天主教的经文歌和反对以管风琴或任何乐器作为伴奏。并有三项主张原则：音乐是为了使一般信徒能唱诗赞美神，应该是简单的；音乐是要直接献给上帝，所以崇拜献上赞美时应当心存谦卑；为达到上述原则的最佳方式就是齐唱、一字一拍以及没有伴奏地吟唱圣诗，和声性的歌唱和器乐被明令禁止。关于歌词方面，加尔文坚称"只有神的话语才配赞颂神"的原则，因此圣经旧约 150 篇诗篇被改写成押韵的诗词，旋律方面由专业音乐家布尔热瓦配成单音无伴奏的曲调，其来源是法文或德文世俗歌曲的旋律和格里高利圣咏的旋律或自创的简单乐曲，这些歌曲充满舞曲风格，与传统教会音乐迥异，被称为"日内瓦的吉格舞"，这些创作的结果就是 1562 年出版的《日内瓦韵文诗篇》。该诗集的现世对基督教世界甚至是全体基督宗教世界的影响巨大，加尔文宗只唱韵文诗篇的传统，后来被英国国教圣公宗和英美各地的自由派教会所采用。

与路德宗复杂的弥撒音乐和简单的会众赞美诗互惠发展而造就的丰富多彩的教会音乐文化相比，加尔文宗只允许一种简单的会众诗篇歌曲在崇拜中存在，两种传统和实践形成了鲜明的对照。在接下来的三百年时间里，路德宗的世界成就了无数伟大的音乐家，加尔文宗的世界里却没有一位音乐家和画家出现。

（三）传统教会——英国圣公宗

1522 年英国国教圣公宗建立，对英国教会音乐产生重要影响。1549 年第一部英文《公祷书》发行，除圣餐祷告内容外，其保留了大部分天主教弥撒的礼仪程序。宗教改革后，国教会的弥撒曲和圣咏被删节和简化，主调风格的教会音乐取代之，拉丁语被英语取代之。都铎王朝的教会及皇家作曲家塔利斯（Thomas Tallis）等创作出适合英语特点的圣咏曲调，被称为安立甘（圣公会）圣咏（颂调）。它配有简单的和声，曲式由吟诵音、半终止和全终止构成。前段为只有一个音的吟诵段，后段变化，有旋律和节拍。皇家教堂的代表性作曲家是亨利·普赛尔（Henry Purcell），他曾任查理二世国王弦乐队的作曲师和威斯敏斯特教堂的管风琴师，他最优秀的作品是为皇室各种场合而作的各种赞美歌及戏剧配乐。在他之后，英国的音乐长时期没有人才出现，直至英籍德裔作曲家亨德尔的出现才改变了这一局面，而亨德尔的系列英文清唱剧（神剧）作品，成为巴洛克合唱艺术的巅峰代表。

高雅的教堂专业音乐作品历来与普通信徒会众的关系很淡漠，直至 18 世纪英国会众音乐的代表——赞美诗诞生。针对死板的日内瓦韵文诗篇，公理会信徒 Isaac Watts（华兹）1707 年出版了 *Hymns and Spiritual Songs* 诗集，内辑他自己创作的赞美诗词 210 首。该诗集是英国赞美诗发展的里程碑，至今盛唱不衰。Isaac Watts 一生创作了六百多首赞美诗词，他遵循两个创作信条：信徒真正的赞美歌，应该超越诗篇和经文，应能表达他内心的思想情感；使用圣经诗篇崇拜时，应加入新约内容，以适应现代信徒的需要。随后，卫斯理弟兄带来了 6500 多首更大众化、流畅化并且规劝育人的赞美诗（见前文）。18 世纪下半叶，布道家 George Whitefield（怀特菲尔德）创作、改编和出版了很受欢迎的赞美诗集。来自威尔士的 William Williams（威廉姆斯）创作了很多民歌风格的威尔士赞美诗，一直流传到今日。18－20 世纪期间，英国出版了大量的赞美诗集，今日基督教世界的传统赞美诗多源自此。

（四）自由教会

愿意参加自由教会的人，基本为摒弃形式化和程序化仪式的信徒。他们不愿在崇拜当中重复同样的事情，而更追求心灵深处的个人属灵气质，为此各教会均以自己的理念和方式表达如何摆脱外在的仪式束缚直指内心，这些观念深入人心。

例如，早期的浸信会坚持崇拜应发自内心，拒绝在礼拜中使用任何书本，赞美诗集被禁用，甚至会众手持圣经跟着读也是错的，他们歌唱时由领唱者一句一句地带领，会众以回应的方式应答。公理会则拒绝使用写出来的祷文，坚持祷告要从心里发出，由圣灵指引。贵格会强调每个信徒要等候圣灵，关注个人在礼拜中单纯地开放自己，等候基督透过圣灵向他们说话，这是一种极度内在的礼拜，没有任何外仪式的需要。门诺会主张恢复新约使徒时代的教会样式，废除一切图像，礼拜简单而朴素等。

17、18 世纪兴起的基督教自由教会以学习教导为内容，注重知识，强调思想和认识上帝，这是一种注重理性认知的崇拜观。19 世纪兴起的基督教自由教会以福音布道和奋兴聚会为内容，强调心灵和经历上帝，这是一种注重心灵情感的崇拜观，目的在于悔改，讲道者特别关注人心的回应。20 世纪世界格局的巨大变化，也给基督教各宗派的生活和音乐带来了颠覆式的变化，流行音乐成为最强大的冲击力，教会的崇拜和音乐呈现多元化态势。

二、17－20 世纪的美国基督教音乐

（一）早期的基督教音乐

美国音乐的源头是欧洲清教徒移民北美建立新英格兰殖民地时，积极推广的基督教崇拜音乐即赞美诗，各国移民带来了各民族语言和演唱习惯的各种齐唱无伴奏赞美诗集。新英格兰地区至少有四种赞美诗版本十分流行：法文版《日内瓦韵文诗篇》（*The Genevan Psalter*）、英文版《赞美诗全集》（*The Whole Booke of Psalms*）、Henry Ainsworth（亨利·安思沃斯）编撰的英文版《赞美诗集》（*Book of Psalms*）以及捷克文版摩拉维亚兄弟会赞美诗。殖民者和新移民使用各自的赞美诗集长达一个世纪之久，人们无暇顾及赞美诗的创作问题。1640 年清教徒以 Henry Ainsworth 编撰的英文版《赞美诗集》为蓝本重译

150 篇诗篇，印刷出版了北美新大陆的第一本书籍《赞美诗集》，亦称《海湾圣歌集》（*Bay Psalm Book*）等。该书的英文译词流畅，忠于圣经旧约使用的希伯来文，成为新大陆的主要赞美诗集。《海湾圣歌集》的前八次版本只有歌词，直到第九本版才成为美国历史上第一本带有乐谱的书籍。

咏唱赞美诗的活动与新移民的日常生活朝夕相伴，大多数信徒都是文盲，更谈不上识读五线谱，学唱赞美诗则依靠教会专门教唱的人教一句唱一句的领唱法，但领唱者的水平良莠不齐，导致会众唱诗的水平十分低下。为了改善这一现象，18 世纪初毕业于哈佛的年轻牧师兴起了创办唱歌学校 singing school 的运动，其方式是由一个业余音乐家担任老师巡回设点办学习班，教导基本乐理和背诵赞美诗，教材为配上乐谱的赞美诗。该乐谱是一种为了学习五线谱而创制的简易图形乐谱，称象形乐谱或 fasola 视唱谱，初为四音图形记谱法：三角形为 fa、圆形为 sol、方形为 la、菱形为 mi，后发展为七音图形记谱法。早期的美国赞美诗使用了很多民歌曲调，由唱歌学校的老师记谱或编配或模仿，形成了一种"民歌赞美诗"（Folk Hymnody），如著名的"Amazing Grace"（奇异恩典）等。在这种广泛的宗教音乐活动的基础上，美国的第一代赞美诗作曲家兴起，如 Francis Hopkinson（弗兰西斯·霍普金森）、James Lyon（詹姆斯·莱昂）、William Billings（威廉·比林斯）、Andrew Law（安德鲁·劳）和 Justin Morgan（查斯丁·摩根）等。

在新移民当中，与大部分文盲信徒不同的是，一些德语系虔信派的音乐水准很高，例如摩拉维亚教会。该会的信徒特别爱好音乐，并熟稔欧洲古典音乐，在该会的社区和礼拜堂经常有铜管乐队的表演，会众在室外唱诗时乐队也参与伴奏。因此在美国建国初期，人们欣赏音乐的地方不是音乐厅，而是摩拉维亚教会乐队演奏的所在地。

在美国早期的自由教会中，非常有特色的是源自英国的震颤派。该派因在礼拜和祈祷时，信徒多因圣灵感动全身颤抖而得名。震颤派的理念是简约与纯朴，其礼拜时的舞蹈令人影响深刻，歌曲都是受圣灵感动口口相传而未经雕琢的旋律，作品不下上万首，震颤派音乐被认为是恢复了美国基督教音乐的简约风格。该派的简约理念还涉及到生活的方方面面，如他们创造的极简主义风格家具，如今在美国拍卖市场被视为珍品。

（二）福音音乐

早期的福音音乐（gospel music）被称为福音赞美诗、福音歌曲或简称福音等，如今的福音音乐是一种带有宗教性和很强娱乐色彩的大众流行音乐。福音音乐的出现与基督教福音奋兴的第二次"大觉醒运动"（The Great Awakening）密切相关，该运动在历史上共经历了四次：1730－1760年第一次大觉醒运动、1800－1830年第二次大觉醒运动、1850－1900年第三次大觉醒运动、1960－1980年第四次大觉醒运动。

在赞美诗研究学界，学者把美国黑人福音音乐和白人福音音乐统称为"灵歌"（spiritual），前者是black spiritual，后者是white spiritual，这是福音音乐在发展过程中逐渐形成的两大类别。白人福音音乐以南方山区的乡村音乐和欧洲移民带来的民歌为基础发展起来，黑人福音音乐受灵歌、布鲁斯和节奏布鲁斯、拉格泰姆等黑人音乐风格的影响发展起来。

白人福音音乐的源头源于19世纪初的第二次大觉醒运动，该运动兴起了一种声势浩大的户外礼拜聚会。这种被称为野营布道会或帐篷营会（camp meeting），由长老会、浸信会和卫理公会的牧师传讲福音复兴之道，规劝人们自省悔改，讲员的方式激动而灵活，会众反映激烈，场面极其亢奋混乱。音乐工作者专为这种布道会创作一些短歌，这些歌曲多用民歌或仿民歌的旋律写作并配有副歌，主题突出、简单易学，会众可以背诵并反复歌唱，取得很好的现场效果。野营布道会的形式后来逐渐衰落，其音乐形式却日趋壮大，成为一种根深蒂固的宗教传统在美国各地教堂保留。

> 到了夜晚，民众复兴的狂热情绪达到了极点。四处点燃的篝火在露营地闪闪发光，传教士们在人群中穿梭，劝告那些有罪的人，并把他们从地狱燃烧的野火中拯救出来。嘹亮的歌声直冲云霄，喊叫声震撼大地。男男女女拥挤着，跳跃着或者在地上打滚，致使有些人昏厥过去被抬出场地。在一片哭泣呐喊、念念有词的混乱声中，男女信徒们挥舞着手臂，他们从陶醉的歌声里解脱心中燃烧怒火的怨恨。（王珉 2005：116）

当美国中西部和南部帐篷营会短歌大行其道之时，北方城市的白人音乐也发生了革命性的变化，代表人物是音乐教育家Lowell Mason（梅森），他是美国近代音乐发展史上最重要的人物。相对欧洲移民带来的欧洲艺术音乐，美国早期的音乐发展显得较初级，因此Lowell Mason一生致力于提高人民的音乐素质，为教会的唱诗班和儿童开办音乐学习班，并于1832年创办了波士顿音乐学院。因他的努力，1838年波士顿公立学校普遍开设唱歌课，1853年波士顿多所音乐师范学校成立，他继续培养音乐师资、组织音乐研讨会、讲授音乐教学法等。Lowell Mason 还创作了 1600 余首宗教音乐作品，包括赞美诗、短合唱曲和儿童歌曲等，并编辑了 80 本赞美诗集。

19 世纪 40 年代全美各教堂办起了 Sunday Schools（星期天学校、主日学），主要是为主妇和儿童在礼拜日学习圣经和赞美诗，这种方式一直沿用到今日的基督教教会。主日学使用的赞美诗集中，流传最广的是 William B. Bradbury（威廉·布莱德布利）编纂的歌本，其最著名的赞美诗是《耶稣爱我》（Jesus Loves Me）和《他引领我》（He Leadeth Me），至今仍在世界各地的基督教会中传唱。1870 年 Dwight L. Moody（德怀特·穆迪）结识了 Ira D. Sanky（艾拉·桑基），二人日后搭档合作创立了最早的福音牧师乐手组织，他们的口号是"穆迪传讲福音、桑基演唱福音"。Moody 是一名出色的布道家，Sanky 是穆迪教会的音乐指挥，并具有超群的演唱才能，他创作了大量的福音歌曲。1871－1899 年二人举办全美复兴布道会传播福音，期间 1873－1875 年又出访英格兰举办全英的复兴布道会，他们合作默契，兴起了一场影响英美、最有声势的宗教音乐演唱运动，使福音歌曲的演唱风格深入人心。1874－1891 年，Sanky 与另一位福音音乐作曲家兼歌手 Philip P. Bliss（菲利普·布里斯）合作出版了多部福音歌曲集，1894 年二人合编的六卷福音歌曲集 Gospel Songs nos. 1-6 Complete 出版，这成为美国福音音乐史上的里程碑式作品。20 世纪的白人福音音乐与美国流行音乐的发展紧密相邻，出现了多风格、多变化的特征，黑人灵歌、爵士乐、摇摆乐等多元音乐风格混杂其中，各种福音音乐合唱小组口益流行。例如，Stamps Quartet（斯德普斯合唱团）是 20 年代美国家喻户晓的福音音乐演唱团之一，80 年代的 The Florida Boys（佛罗里达男生合唱团）风靡一时等。音乐出版商也看准民众的口味，出版大量福音音乐歌曲的书籍和唱片，宗教和娱乐口味日趋融合，成为福音音乐至今不衰的缘由之一。

黑人福音音乐与白人福音音乐同时兴起于第二次大觉醒运动时期，但二者的文化背景和音乐基础并不相同，最大的差别是其表演形式。前文提及兴于此时的野营布道会或帐篷营会，起初并不分男女老幼和人种的差别参与，在美国西部和南方地带黑人密集区域，野营布道会开展得尤其如火如荼。远离非洲家园和被卖为奴的悲惨身世，使得黑人通过这样一种在上帝国度中无差别的方式宣泄民族的苦难情绪，并给予无限盼望和欢乐的情感。来自非洲的黑人极具天赋的音乐才能和完全天然的情感沉醉方式，使黑人福音音乐发展出与白人不同的风格，并对美国音乐的发展造成了深远的影响。无论是历史还是现在，无论是史料记载还是亲眼目睹，任何参与过黑人礼拜的人都极难忘怀黑人崇拜中那种喧嚣热烈与深沉苦痛并列的激情。正如同圣经旧约所记载的故事：大卫王在上帝面前喜极而脱去王服，抛却一切荣誉与脸面歌舞和赞美。

黑人灵歌源自非裔美国人在非洲的根和在美国为奴隶的经历，当在美国南方种植园的黑奴信教时，他们唱出了痛苦和企盼的调子：

> 1775 年，牧师塞缪尔·戴维斯对他的奴隶唱赞美诗有着如下记载："晚上他们睡在我的厨房里，有时候我在凌晨两三点醒来时会听到他们的吟唱，和谐的歌声在我房间里飘荡，使我恍若置身天堂……不得不承认，这些黑人是我所见到过最具音乐灵感的人种，他们完全沉醉在赞美诗的狂喜中……"我们至今都对此赞叹不已，黑人几百年来持续不断的这种"沉醉"为基督教音乐带来极为可观的音乐财富。（安德鲁·威尔逊－迪克森 2002：191）

黑人灵歌充满深沉的忧郁和痛苦，祈求上帝的救助和安慰。如"Nobody knows the trouble I've seen"（没有人知道我的痛苦，没有人只有耶稣。没有人知道我的痛苦，荣耀归于我主……）等。野营布道会兴起时南方奴隶制依然盛行，但黑奴们通过教义寻得了精神上的解脱，他们把黑人创建的教堂和黑人传教士组织的聚会作为他们心灵疗伤的圣地。黑奴们传唱灵歌，并积极地学习白人的赞美诗，熟悉白人的音乐，但白人却十分反感黑人音乐。19 世纪上半叶，第一本由黑人编辑出版供黑人演唱的赞美诗及灵歌集 *A Collection of Hymns and Spiritual Songs* 出版，虽然歌曲的素材多源自白人福音歌曲，但充满了黑人音乐的特有风格，如切分音和多变而无规律的重拍乐句处理。美国南北战争结束之后，黑人宗教活动迅速发展起来，兴起了黑人卫理圣公会和圣灵会教派两大黑人独立教派。19 世纪下半叶受第三次大觉醒运动的影响，黑人教会兴起了五旬节派教会，这对 20 世纪福音歌曲的发展影响很大。

黑人在演唱福音歌曲时是一种近乎旷野呐喊式的唱法，并赋予非洲人独有的音乐热情。虽然歌曲与其他教堂没有区别，但通过他们的演绎立即变成粗犷泼辣的风格。歌曲旋律通常即兴增加，节奏处理复杂，在领唱粗野吼叫式演唱的带动下，唱诗班和会众呼喊、跺脚、鼓掌、挥舞双手，并呼喊"哈利路亚"或"阿门"回应，合唱声部在即兴领唱的带动下形成各自的发挥空间，应答契合繁复而游刃有余，台上台下呼应一体，气氛极为热烈。黑人福音歌曲的演唱通常以钢琴、合成器、吉他、班卓琴、小提琴、铃鼓、各式小型打击乐器以及信手拈来的锅碗瓢盆等伴奏，无论是演唱还是伴奏，节奏都处理得很复杂。而牧师充满激情的讲道，常与唱诗班和会众的歌声和呐喊声交杂，从而激励歌唱的每一次爆发。这与传统的教堂的崇拜和音乐截然不同，这正是正统与自由的差异，也是圣经旧约中提及庄严神圣的所罗门王圣殿式崇拜与大卫王自由式崇拜的不同模式。

20 世纪 20 年代出现了一位伟大的黑人福音音乐的代表音乐家 Thomas A. Dorsey（托马斯·多尔西），他是一位作曲家、布鲁斯歌手和钢琴乐手，其音乐影响力深远，被称为"福音音乐之父"。黑人女歌手 Mahalia Jackson（玛哈莉亚·杰克逊）是 20 世纪最著名的黑人福音音乐歌唱家，被称为"福音音乐王后"，Dorsey 与 Mahalia 曾合作长达 14 年之久，录制了很多经典的福音歌曲唱片。20 世纪下半叶，传统黑人福音音乐的歌手和合唱团愈来愈受商业环境的影响，开始演唱各类世俗福音歌曲。白人和黑人福音音乐都逐步脱离教堂走向娱乐大众的音乐形式，它出现在各种音乐场合，虽然世俗性和商业性越来越强，但同时也提高了福音音乐的欣赏价值。20 世纪 80 年代最有影响力的黑人男声四重唱 The Soul Stirrers 组合，作为第一个黑人福音音乐重唱组，在音乐厅举办了专场福音歌曲音乐会。

黑人福音音乐源自于深度的民族痛苦，却摆脱束缚，以极自由的形式用歌声和肢体抒发情感敬拜上帝，这种源自心灵的崇拜对后来的教会音乐发展起到深远影响。

（三）敬拜赞美

20－21 世纪，教会音乐的发展迎来了影响力最具全球性的音乐形式——敬拜赞美，它不局限于基督教会，也广泛影响了天主教会及东正教会。具体指出这种音乐形式的时间并不容易，但它源于 20 世纪的灵恩复兴运动。第一波灵恩运动由 1901 年始到 1950 年末，强调以受圣灵的洗礼为第二次祝福，以说方言、医病赶鬼等信仰治疗手段为标志，这种方式在当时颇受主流教会的排斥，因此局限于灵恩派教会内部发展。第二波灵恩运动从 1950 年末至 1990 年代，它渗透了基督宗教几乎所有的主流教会及各教派，教会藉此进行合一运动，并学习人员增长的秘诀。第三波灵恩运动称多伦多祝福或葡萄园运动，以大声哭笑吼叫为圣灵充满的标志，特别看重行事异能奇事。

伴随着灵恩运动产生的敬拜赞美歌曲的曲调，简单而音域窄小，采用电声流行乐队伴奏，没有繁复的旋律或和声。副歌的叠歌结构不断反复，主题明确简单明了，可以使各阶层的人轻易投入情感，并进入沉思冥想的内心界面。敬拜赞美歌曲的简易性和流行性在当代教会引发了巨大的争议，过多的个人情感表达、对音乐艺术性的降低、世俗音乐元素的过度掺入以及歌词的非神圣性都是抨击这种形式的缘由。但工业化、电子科技化和世俗化的社会发展及诱惑，使教会音乐的发展难以抵御这种极受年轻人欢迎的音乐形式，敬拜赞美歌曲也在它一诞生起就备受争议的情况下发展壮大到当下。从非洲的赞比亚到亚洲的尼泊尔，从南美的秘鲁到欧洲的乡村，从美国到中国，敬拜赞美似乎正成为当今最没有民族文化痕迹的音乐形式而大有一统全球教会之态势。

第二节 传教区的艺术指导

西方传教会对传教区的音乐及艺术问题，或多或少都有自己的指导方针，在这一方面，天主教会尤其加以注重，而基督教各差会的状况基本是各家各说。虽然经过了礼仪改革，但在本土化的基础上仍形成今日全球的天主教音乐与艺术基本统一化，基督教音乐与艺术基本多元化和世俗化的大致局面。

一、天主教艺术的指导方针

（一）礼仪与音乐的历史变革

天主教礼仪与音乐在历史上经历的重大变革，以罗马教廷召开的两次大公会议为转折点。1545－1563 年面对外部世界的宗教改革对罗马教会前所未有的挑战和冲击，天主教召开特利腾（Council of Trent 又译特伦托、脱利腾、天特等）大公会议进行改革。大公会议以反宗教改革的抵抗精神对内部肃清，使教会礼仪和法规规范化，教廷和不同修道会的机构彻底改组，教士接受严密审查。大会专门设立一个红衣主教委员会对教会音乐问题进行研究，议题有二：世俗因素的渗入败坏圣乐的纯洁性，复调音乐的复杂技术使歌词含混不清。有人主张彻底取消复调音乐，有人竭力保护几百年音乐文化所造就的这门伟大艺术。

　　1562 年公会发表的一份报告说："整个歌唱的目标"不应该仅仅给耳朵带来空洞的愉悦，而应该使所有听者明白歌词内容，这样才能使他们的心灵渴望接近天堂的和谐，并使他们享受被上帝眷顾的喜悦……他们还应该把一切包含淫秽和不道德内容的音乐彻底从教会驱除掉，无论这些音乐是歌唱的或是管风琴演奏的。（马可·伊万·邦兹 2006：117）

　　虽然帕勒斯特里那的出现拯救了复调音乐，但世俗音乐和宗教音乐之间已划分出清晰的界限，教会努力剔除神圣之中的世俗因素以达到净化目的。面对世俗音乐如火如荼的发展态势，政治经济文化格局的扭转，代表"神学谦卑婢女"的教会音乐之改革自此较教会礼仪之改革更为曲折。这次会议极力统一了形式上多元化的教会礼仪，以特利腾拉丁文礼仪的官方版本规范着天主教礼仪和音乐长达四百年。特利腾大公会议以后，充满谦卑和刻苦精神的早期基督信徒特点重回教会，但在礼仪和音乐方面将经历一个漫长的调整过程，直至 20 世纪梵蒂冈第二次大公会议的召开才出现全新的变化。

　　近代时期，随着天主教会在世界各地区的传教扩张，特利腾拉丁文礼仪一统天下的局面暴露出越来越多的问题。19 世纪的欧洲掀起了礼仪改革运动，旨在将拉丁文罗马弥撒经书翻译成各国地方语言以供平信徒参与礼仪活动。1914 年教宗本笃十五世（Benedictus ⅩⅤ）在制定教会法典中，明令禁止教堂内使用渗入放荡与不纯洁曲调的音乐。1922 年接任的教宗庇护十一世强调教堂的首选用曲为法定梵蒂冈版的拉丁文格里高利圣咏，其次可选用复调音乐。1939 年接任的教宗庇护十二世在《天主中保》通谕中，强调拉丁文格里高利圣咏是"罗马教会的本有歌曲"，但不排斥能适合于圣礼的现代音乐。罗马天主教会虽从未正式允许用各地方言演唱拉丁文格里高利圣咏以及用各地方言举行圣礼，但整个礼仪改革运动的发展和一系列充分铺垫，已为具决定意义的梵蒂冈第二届大公会议做足预备工作。1947 年 11 月 20 日，罗马教宗庇护十二世（PiusⅩⅡ）颁布关于教会礼仪的《天主中保》通谕，这是梵蒂冈第二届大公会议之前最重要的通用礼仪典章。接下来，庇护十二世组织了礼仪改革委员会，并于 1951 年发布关于复活节前圣周礼拜及其规程的教令，1955 年发布"整顿圣乐"通谕，1958 年颁布谈及平信徒积极参与礼仪活动的"圣乐与礼仪训令"。礼仪改革的实际计划已逐步展开，1956 年召开的意大利国际礼仪大会肯定了礼仪革新的努力，官方支持并积极参与的态度终于为梵蒂冈第二届大公会议的召开酝酿好了土壤。

1962 年 10 月 11 日，教宗若望二十三世在梵蒂冈圣伯多禄大教堂召开梵蒂冈第二届大公会议（以下简称"梵二"），至 1965 年 12 月 8 日先后共举行四次会议。大会共投票表决通过 16 项文件，即 9 项法令、4 项宪章和 3 种宣言，从各方面对内实行全面改革，对外向世界开放。梵二会议的系列革新意义深远，使整个天主教会与现实社会积极对话。1963 年 12 月 4 日梵二会议的《礼仪宪章》（Constitutio De Sacra Liturgia Sacrosanctum Concilliun）完成，这是天主教礼仪改革的重大举措，也是天主教礼仪千年历史以来最关键性的转变。《礼仪宪章》共涵盖七章：整顿及发扬礼仪的总则、论至圣圣体奥迹、论其它圣事及圣仪、论神圣日课、论礼仪年度、论圣乐、论圣教艺术及敬礼用具。宪章最重大惊人的决定是：允许用地方语言举行礼仪并编订地方性的礼规，这舍弃了千年来注重的外表仪式和礼规经文，触及礼仪的精神内涵使教会礼仪回到民众当中。自此，梵二会议之前，拉丁礼仪外化的神秘性和神职人员对其之独霸性的局面被彻底改变。

现当代关于天主教礼仪与音乐问题最重要的权威指导性文献，就是这次会议颁布的《礼仪宪章》中的相关篇章，以及"礼仪圣部训令——论圣礼中的音乐"等文。《礼仪宪章》第六章"论圣乐"，从圣乐的尊高、隆重礼仪、音乐训练、出版额俄略歌本、民众化的宗教歌曲、传教地区的圣乐、管风琴及其它乐器、作曲家的任务等八个方面细述天主教音乐，这是天主教会关于圣乐的最高指导标准。关于圣乐本土化以及教众歌曲的问题，第 118 "民众化的宗教歌曲"、119 号"传教地区的圣乐"特别谈及尊重文化民族性的特征，促进礼仪中的本土民族传统音乐。（《礼仪宪章》@catholic-liturgy.org.hk/info/ll.htm）《礼仪宪章》第七章"论圣教艺术及敬礼用具"，第 123 和 124 谈到教会艺术的风格是可以在尊重和敬意圣堂和神圣典礼的条件下采纳各地风格自由发展，真正的神圣艺术应注意高雅而非奢华等。（《礼仪宪章》@catholic-liturgy.org.hk/info/ll.htm）

在宪章的基础上，礼仪宪章实施委员会定下了较为需要的主要规则，并发布"礼仪圣部训令——论圣礼中的音乐"一文，包括：几项普遍的规则，举行礼仪的人，论在弥撒中歌唱，日课经的歌唱，举行圣事、圣仪、礼仪年中特殊典礼、圣道礼仪及其他热心善工时的圣乐，歌唱礼仪采用的语言及维护圣乐遗产，为方言谱曲，乐器的圣乐，圣乐推广委员会等九个方面。这两部最重要的官方音乐文告清晰全面地为当代天主教会的音乐定位，其核心突出圣乐之神圣高雅的"圣"性，并侧重强调教会音乐激发宗教精神和精神品味的功用。

（二）在中国的实践

16 世纪入华的意大利耶稣会士利玛窦采取尊重中国文化的态度，以"合儒辟佛"、"辟佛补儒"策略的传教，从"西僧"到"西儒"的一系列行为思想，终获得天主教在中国土地上站立的机会。由于教会的根基不稳，随时可能被禁止活动，继任的龙华民希望能培养中国司铎以保全教会和传播教义。但只有拉丁文的经书和礼仪翻译成中文，才有可能发展中国本土的司铎，此行为必需上报罗马教宗和教廷批准同意方可执行。

1629 年第一本中文版小本手册的弥撒礼仪经书《弥撒祭义》由艾儒略编撰在福州刊印。此后中文著书逐渐增多，但用中文举行教会礼仪的事宜一直在向罗马教廷申请中受挫，原因是早在 1615 年保禄五世教宗的特许被遗忘。此过程中，关于如何传教、如何翻译教义、如何对待中国礼仪等问题，逐渐拉开了维持百年之久的"礼仪之争"。从宗教学术的辩论上升演变成修会内部权利斗争，以及梵蒂冈与清政府之间的政治斗争，中文礼仪发展的拉锯战成为导火索。1659 年，亚历山大七世教宗准许中国人只需勉强背诵拉丁文经文就可以晋铎，但未同意使用中文礼仪。1672 年殷铎泽申请全面意译而不是拉丁文音译罗马礼典。中文著述虽然逐渐增多，但没有罗马的批准还是不能举行中文礼仪，1680 年耶稣会南怀仁再派柏应理携带着 3400 册中文译本前往罗马，向申请依利诺十一世教宗批准 1615 年的特许，至 1685 年请求最终失败，同年罗文藻在广州被祝圣为首位国籍主教。接下来的数次申请均被拒绝，1693 年福建代牧区主教阎珰出令禁止中国礼仪，至 1704 年礼仪之争持续升温，中国教徒的祭祖敬孔仪式被罗马教廷批令严禁，克雷芒十一世教宗颁谕违者将遭受驱除教会的处罚，这一举动使康熙帝大为不悦并于 1721 年禁教。

1726 年被逐广州的麦传世请求罗马传信部复核《弥撒经典》中译本，1727 年罗马圣部反对以中文举行礼仪，1735 年罗马传信部放弃修订《弥撒经典》，1742 年本笃十四世教宗颁令禁止传教士再论中国礼仪问题，在华所有司铎必须一律宣誓反对中国礼仪遵从禁令。之后雍正帝禁教，而 1755 年罗马仍勒令弥撒中不能采用中文祈祷或圣歌，1773 年克莱孟十四世教宗下令解散耶稣会，中国的传教工作由遣使会接管，嘉庆、道光帝两朝维持中国禁教政策。在罗马禁令和清廷禁教期间，中国教难教案不断，天主教只能转入地下或秘密发展的形式。鸦片战争后的天主教借助不平等条约逐渐恢复并迅速发展起来，之后教案迭起错综复杂。

进入 20 世纪初期，随着外国修会大量入华传教和频繁的侵略战事，基督教发生了声势浩大的非宗教和非基督教运动，基督教的本色化运动自此开始付诸实践，中国天主教徒的爱国运动和天主教的本地化运动也日益高涨。推行天主教神职人员的本地化成为主要任务，此时期虽然没有执行中文礼仪，但中文音译拉丁格里高利圣咏一直在使用，中文圣歌也开始刊印，并在拉丁弥撒仪式中穿插少量的中文圣歌。而教会对平信徒的教育，包括仪式以外的学习和圣歌等，已全部使用中文。

> 为普及基督教文化，也采取了一些中国人喜闻乐见的大众化传播方式。耶稣受难剧和其它圣经故事被搬上舞台，吸引了普通中国民众。在内蒙古和汉口以及不少教区，望弥撒时教徒高唱带有中国特色的赞美诗。（晏可佳 2001：233）

中式和中西结合式风格的教堂在各地兴建，其它中西结合式的教会艺术也相继出现。1926 年庇护十一世教宗颁布通谕，"建议在传教区中创立新修会，就地域与环境的特殊情况，适应本地人的性格与倾向。"（晏可佳 2001：234）同年，庇护十一世教宗亲自为第一批 6 位中国籍主教在梵蒂冈举行祝圣典礼。1939 年庇护十二世教宗发表通谕钦，准传信部撤销禁止祭祖敬孔和传教士宣誓服从禁约的规定。

河北信德社 2003 年出版《中国天主教艺术》一书，内辑近现代中西教内外人士文章数篇，主要探讨美术和建筑艺术，仅有一段文字谈及音乐。这些不同时代、不同国籍作者的文章从艺术与宗教精神、审美特征与体现、艺术价值结构等多个层面，论述天主教艺术中国本土化问题，提出很多颇有价值的观点和建设性意见，对中国天主教音乐的发展具有参考意义。书中辑有意大利籍刚恒毅主教的文章数篇，如"中国天主教美术"、"天主教艺术在中国"、"传教区的新艺术"等，均是他对中国天主教艺术风格的定位问题之探讨。意大利人刚恒毅枢机主教 1922 年任第一位罗马宗座驻华代表，1923 年撰写报告书，详细讨论传教区的宗教艺术问题，1932 年再次撰文探讨中国的天主教艺术。他希望中国天主教艺术（特别是建筑）能放弃西方的形式，采纳本国已有的优美风格。具体有四点：

> （一）在中国，西方艺术，是一种错误不适宜的风格。（二）外来的艺术，只能助长那种已极普遍的成见，以为天主教是一种洋教（三）宗教艺术的伟大传统，教训我们，应当采纳当地的各种不同的风格。（四）中国的艺术很美，可以多方加以利用。（陈耀林2003：90）

刚恒毅主教力推教会采用中国艺术的主张，引来了异议和难题：

> 一、普通说来，本地教友更喜欢欧式建筑。二、韩国人、日本人，连中国人也一样，普通以在他们的城市里有欧式建筑物，而觉得神气；他们以欧式建筑为更高贵，更舒适，更艺术化。在四周都是欧化的建筑中，建造一座亚洲式的圣堂，显得不合时代。三、教外人的形式，使人太易回忆邪神之崇拜。四、传教士没有财源来建造费姿的圣堂，应当因陋就简。（陈耀林2003：32）

针对这些有代表性的异议，刚恒毅一一撰文作了回应。今日看来，这些难题并未过时，教内人士依然为此争论不休。特别是引文中的第一、二点，完全可以将"建筑"替换成"音乐"二字："信徒更喜欢欧式音乐，他们以欧式音乐为更高贵、更舒适、更艺术化，在欧式教堂内唱一曲中国式圣歌或用中式乐器伴奏，显得不合时代。"这种情况，不止于教会内部，整体社会文化氛围也是如此。

如何有节有度而又合宜地发展本土的天主教艺术？慕尼黑总土教富豪伯枢机贺乐斯神父（P. H. Heras S. J.）的演讲词"天主教与宗教艺术"，总结了宗教艺术的四个原则：研究教会传统、合乎时代艺术、保持宗教性格、艺术宜显主荣。（陈耀林2003：111-117）1927年他在孟买Bombay撰写"印度化传教方法"与"印度艺术在教堂中"，发表于《观察》（The Examiner）第39－42页，此文也收集于《中国天主教艺术》。主要讨论天主教艺术在印度本地化的问题，特别提及音乐：

> 在我们圣堂里，还有另一种艺术－圣乐，也宜印度化。在所有的艺术中，音乐最能打动人心。西欧的音乐与远东的音乐，大不相同；因此，实在不应让她进入印度人的圣堂；但是额我略音乐与印度音乐颇为近似，当不属于禁例。西欧的音乐，又是颇不自然，如

何能打动不习惯这种音调的印度人，感动他们的心弦？另一方面，印度歌曲带有忧伤情调，自然拨动人心，促使良心发现。在特里师诺城（Trichinopoly or Tiruchirapalli）（在印度南部）的圣堂里，我屡次听到用塔木耳（Tamuls）族的音乐唱出来的歌曲，及发人之虔诚，又感人之肺腑。而在阿忙、圭日拉特（A-mand-Gujerat）（西巴基斯坦）传教区，儿童惯常用圭日拉特民间调子唱圣母小日课，假使印度人更喜欢欧洲调子，那只是因为日久天长习惯了这种调子（陈耀林 2003：123）

该文译者台湾新竹教区的孙茂学神父基于此观点特别加注，提出一些中国天主教音乐发展的具体办法：

对贺神父关于圣乐方面的意见，我们认为在中国也有同样的情形。实际上，我们也劝导过几位传教士，把类似额我略音乐的中国曲调写出来，看看是否有在圣堂内应有的可能性。我们曾听到过一个中国调的信经、荣福经及一些歌曲，我们觉得其韵调、节奏及表情很有宗教风味。（陈耀林 2003：125）

引文中提到"类似额我略音乐的中国曲调"进行创作，此举尝试的代表性范例，当属江文也创作的系列中国古乐风格天主教圣歌。以他流传最广并被誉为华语圣乐经典的"圣母经"为例，此曲是深谙中国古典音乐和钦慕天主教精神之佳美结合。乐曲采用五声羽调式，寄调欧阳修的"西江月"，典雅幽静之风使听者唱者心宁神怡。江氏中国圣歌的韵律切合格里高利圣咏之意境，这也是作曲家的创作本意，他的作品至今深受华语天主教会专业音乐人士的推崇以及普通信徒的喜爱。

20 世纪 60 年代梵二会议召开，允许各地教会使用方言举行圣礼的官方宪章颁布，但此时的中国正值文革期间宗教活动几近消亡。20 世纪 80 年代宗教政策落实，梵二礼仪改革举措进入中国，1989 年在上海畲山修院举行了第一台中文弥撒礼仪，1993 北京召开全国主教代表大会，通过各教区可以按情况推行中文礼仪，自此用中文举行天主教圣礼终于在中国土地上变成现实。2001 年"利玛窦到北京四百周年国际学术研讨会"，若望保禄二世教宗对大会致词，充分肯定利玛窦在学术、文化和传教方面的贡献。在历经反复的兴衰激变之后，利氏尊重本土文化的眼光之举，终被历史辨别是非真伪，中西异质文化的交融之路也走向全新的篇章。

二、基督教艺术的神学指导观

16 世纪宗教改革产生基督教之初，各教派均有注重艺术音乐的传统教会音乐家，如巴赫等。但传统与普通会众的理解相距甚远，教会音乐艺术性和实用性的矛盾引发了越来越多的争执。早期正统教会音乐都是艺术音乐的历史，从宗教改革及巴洛克时期起艺术音乐与教会音乐并蒂孪生的境况一去不复返，教会音乐的发展逐渐脱离艺术音乐的形态。专业作曲家越来越关注世俗音乐，即使有好的宗教艺术音乐作品，大多也不为教堂仪式所服务。新式而简单的教会音乐兴起，目的是为了会众可以参与，这是教会音乐走下神坛，从"荣神"转向"悦人"的开始，也是西方艺术音乐发展的分水岭。17 世纪基督教注重传教工作，音乐愈发采用人民大众熟悉的风格。让会众了解音乐与歌词的意义，成为评判教会音乐好坏的重要指标，基督教音乐成为"赞美的献祭"，这一标准一直沿用至今天的基督教会。

与天主教会视罗马教廷为最高标准的官方唯一指导不同，基督教会自产生起就秉持分裂的特性。天主教艺术的种种问题，都需通过教廷正式文告的颁布和最终的批准审核，因此天主教会拥有统一解决问题的文本和规范，各地组织可以在不违反大原则的前提下进行内部调整，它的变革是慢速而渐进的。天主教会的组织如同全球最庞大而成功的跨国企业，与之相比基督教会最大的不同，是拥有无数派别却没有在世界上的唯一领袖和最高指导。对基督教会和基督教徒而言，无论是在世界上还是在天国里，个人和组织的最高领袖就是耶稣基督，因此在世界上的组织分裂是不可避免和难以改变的事实。

由于基督教会的重点一直侧重于传教工作，各教派对传教区的艺术问题，并没有很多明确的指导方针和正式文本。多数状况下，传教士及所属差会的个人和组织的文化背景，以及对异域文化的理解认同度，往往对传教区的基督教艺术起着决定性作用。保守派或福音派教会特别重视教会音乐的教化功能，强调它传达神学真理的关键性作用，音乐情感的表达虽属自然流露但仍需克制或控制。

基督教于 19 世纪传入中国，基督教会清教徒式的勤恳精神表现在中国传教的各个层面，医院、孤儿院、幼稚园、大中小学、圣经学校、特殊教育学校、戒烟馆和天足会等，无一不为西方文明的传播打下基础。除此之外，来华西方传教士的头等要事即翻译圣经和赞美诗。各种方言或白话文本的圣经被陆续翻译出版，赞美诗翻译也被当作一项文字而不是音乐方面的工作进行着。一些西方传教士也曾学习中国的工尺谱和民间音乐，并试图一开始就融合中西文化，但这只是凤毛麟角的少数派。四部和声的赞美诗音乐作为普及西方古典音乐和合唱音乐的教育基础，被广泛应用在基督教所有的教育机构和教会中。对于中国传统音乐和文化，基督教各差会存在完全抵制、部分吸纳以及全盘保留的不同态度。基督教从传入时期直到当代，保守派或福音派占据着中国教会的主导神学思想位置，因此在教会中全盘保留传统音乐或文化的态度较为罕见。可从福音派教会传统有关教会音乐的应用原则，侧面了解中国基督教艺术的主流思想观：

　　1.福音派基督徒的传统是西方式，而不是东方式的……所以崇拜的仪式（包括音乐在内）应偏重理性，而不是神秘性……2.……崇拜中会众唱的诗歌，要选择简单、易唱，即使没有受过音乐和神学训练的人，也能学会的诗歌……3.……所以崇拜（包括音乐在内）应该包括对神的颂扬，以及与神的交通。此外，超越理性的音乐情感，可以表达神奥秘的一面。4.音乐崇拜用的词句（不论是否包括音乐在内），都是献给神的"颂赞的祭"（来十三15），所以应该是会众所能献给神的最好的……5.福音派信徒相信"圣经神圣无上的权威"，因此崇拜和教会的各种活动与属灵的经历（包括音乐在内），都应当符合圣经的真理。如能直接引用圣经的话语作为诗歌的歌词，是最好不过了。6.崇拜聚会及传福音的音乐，应该传达一些与个人得救有关的教导与真理……此外，因为福音派教会也吸收了清教徒的传统，所以诗歌的内容应该论到一些属灵的经历……7.由于福音派教会特别注重"讲台的信息"，因此负责音乐的同工在安排崇拜时，一方面要考虑到崇拜的程序，另一方面要考虑吧完整的敬拜经历，但都要以讲道信息为中心……8.因为神要求我们过圣洁的生活……"圣洁"（holiness）实际上也是完整（wholeness）的意思，因此崇拜诗歌的歌词必须扩大领域和深度。9.……选择诗歌时，要考虑音乐技巧和曲式是否能够配合当地教会，以及普世教会传福音、教导和牧养的需要。10.教会音乐主要是用在崇拜聚会……自由派教会的牧师和音乐同工，无一定的规范可以依循……（赫士德2002：58-60）

基督教音乐为神学服务的务实观点，以及贴合大众心理和需求的实用性功能，成为当代中国基督教会爆炸式发展的因素之一。与天主教音乐神圣优雅而谦卑的特性相比，它显得世俗而亲切。但当代的潮流却表明，流行和世俗音乐文化无处不在的渗入和同化，使得两者之间曾经悠远的界限越来越淡化。

第三节 近现代中国基督教音乐

一、基督教在中国

1807 年基督教由英国伦敦会传教士马礼逊传入中国，由于清政府的闭关锁国政策，早期的传教士们深感传教之艰险。1840 年鸦片战争爆发，面对多灾多难的中国，虽然大部分传教士都抱着单纯的传教使命，但他们都或多或少不可避免地卷入至今仍无法摆脱帝国侵略嫌疑的历史漩涡中，不平等条约、政治干预以及西方文化沙文主义等负面因素都与基督宗教紧密相联。但传教活动仍带来了正面产物，西学东渐的文化交流为悠久的中国传统文化注入了新鲜血液，学校、医院、出版社、孤儿院及戒毒所等西方文明的产物迅速在中国生根发芽。

随着 19 世纪欧美基督教派别海外传教热情的高涨，先后共有 160 多个外国差会陆续向中国派驻传教士，这些活动由最开始的仓促无序，逐渐发展到互相联合，并从 1877 年起定期举行会议规划工作，向全国发行基督教交流刊物并成立全国性的多个机构。基督教门派林立的现象也成为中国信徒照葫芦画瓢的对象，纯西式及中西结合式的中国教会如雨后春笋般冒出，太平天国的拜上帝会就是基督教本土化现象下的一个变异结果。但表面的发展并不意味着传教之路的平坦，此时层出不穷的教案就是草根阶级正当和非理性的民族主义仇恨的折射，很多死于非命却具正义感传教士的作为被掩盖在少数为非作歹的同行丑恶罪行之下，一时间稗子似乎遮蔽了麦子。经过历次劫难，外国传教士和中国信徒都逐渐意识到必需要改变基督宗教"洋教"的外衣。1922 年历时 6 年的"非基督教运动"使基督教再次成为众矢之的，此时本土教会开始成长，一些饱学之士成为中国教会的领袖人物，复兴壮大的前景正逐渐展露。20 世纪 30 至 40 年代，基督教也一同面对外敌内战的局面。1949 年建国后，三自爱国运动使中国的基督教彻底发生改变，但随之而来的一系列运动和文化大革命的风潮，使教会濒临灭绝，近乎销声匿迹于中国大陆，存留下来的信徒转向分散隐秘的家庭聚会形式。20 世纪 80 年代改革开放以来宗教政策落实，基督宗教逐步恢复正常的宗教活动。20 世纪 90 年代到 21 世纪，教会处于飞速发展时期，基督教成为中国所有宗教中人数增长最多最快的教派，城市信徒逐步趋向年轻化和高知化，这种新景象使中国教会面临前所未有的挑战，也是全新的发展机遇。

二、19 世纪的基督教音乐

唱歌是基督宗教宣扬教义的重要手段。18、19 世纪的西方教会音乐传统发生了巨大变化，原本教堂音乐的主要代表——专属唱诗班和音乐专职人员高雅艰深的复（主）调合唱作品，正被歌词通俗、旋律浅显的四声部会众赞美诗所替代。随着基督教传播的全球化运动，这些赞美诗被传唱到世界各大洲。

基督教传入中国之际，传教士开始赞美诗的翻译编写工作。赞美诗在中国的发展历经了两个阶段：第一阶段，基督教入华 1807 年至 1949 年之前，历经编译西方赞美诗（1818－1860 年）、编纂中国方言赞美诗（1850－1870年）、本土赞美诗兴起（1900－1936 年）和《普天颂赞》出版（1936 年）四个过程。第二阶段，1949 年至当代，历经 1949 年后赞美诗的海外发展以及当代中文赞美诗复兴的过程。体现了基督教洋文化在中国去其外表、扎根土壤的本土化历程。

1807 年英国伦敦福音会传教士罗伯特·马礼逊以澳门为基地开始基督教在华的传播工作，他的中文老师是来自北京的天主教徒殷坤明（Abel Yun）。最初马礼逊的作法是：

> 只要他能让他们和自己在一起，他就每天为他们读经书（圣经）
> 的影印本……他也试着让他们和他一起唱诗和祷告，虽然他并不奢
> 望他们作得如何。（汤森 2002：82）

由于澳门天主教会的排挤，平日的礼拜只能在马礼逊广州的寓所中进行，周日才能到澳门举行正式的仪式。

> 他……继续为安息日的公共晨祷服务，由于在澳门外侨中有以
> 消遣娱乐度过安息日之夜的习俗，所以马礼逊通过开办晚间讲座，
> 带领他们进入一种更高的愉悦境界。在为侨民进行的晨祷结束后，

他再为中国人举行一次晨祷。他在为中国人举行的圣事中甚至得到
了更大的快乐，他从未省掉唱诗这一步骤，自己常常从头至尾参加
整个唱诗过程。在祷告的间歇，他负责读经。或是倾听孩子们复诵
赞美诗和经文。（汤森 2002：205）

马礼逊的印刷工人蔡高成为中国第一位基督教徒，后来另一位工人梁发
成为首位牧师。梁发为其妻洗礼仪式的过程被记载下来：

于是他在村中一个简陋屋子中举行洗礼，用饭碗代替洗礼盆，
在场者只有他们夫妇两人。先是他读几段圣经，然后作一回恳切的
祈祷，唱一首圣诗；最后将圣水洒在其妻子头上，算是洗礼仪式完
毕，即为入教。（郑炜明等 1994：72）

这段文字透露出当时基督教处境的艰苦，不过因地制宜和因陋就简的模
式却造就了后来基督教的传播速度。

1818 年马礼逊编译的第一本中文赞美诗《养心神诗》在广州出版，这标
志基督教赞美诗在中国正式安家落户。《养心神诗》有 27 页，载赞美诗 30 首
（仅为歌词），并有小引一篇，全书共印 300 册，内容为当时英国教会的赞美
诗。1833 年马礼逊和梁发编印《祈祷文赞神诗》一册，其中的祈祷文为梁发
所做，全本参照"英国教会晨祷集"格式。此时的传教工作受清政府严格限
制，传教士只能暂时在靠近中国的东南亚地区徘徊并等候机会进入内陆，相
关工作也格外艰难，一切均有可能付上生命，但中文赞美诗仍陆续在中国周
边地区编译出来。1819 年汤普逊在马来西亚编印 16 页中文赞美诗一本，发行
3000 册；1835 年马六甲地区出版《续纂省身神诗》一本；1840 年泰国曼谷出
版丁威廉编写的《祈祷神诗》一本，内附赞美诗 32 首；1842 年马六甲地区出
版李雅各编写与马礼逊编印同名的《养心神诗》；停留于爪哇岛巴达维亚（今
印尼雅加达）的传教士麦赫德在此期间也编有同名的《养心神诗》一本，内
附赞美诗 71 首。（盛宣恩 1979：2-4）1818－1860 年是西方传教士编译赞美诗
的起端时期，在几乎没有中国助手的情况下，诗歌本的发行量及种类非常有
限，翻译质量也非上乘，刊印内容仅为歌词本，无乐谱。

1840 年鸦片战争之后，传教政策藉不平等条约逐渐放开。中国内陆的外
国教士迅速多了起来，他们遇到最棘手的问题便是多种多样的方言。为了有
效地在各地区，尤其是中国南方地区传教，解决语言难题成为当之务急，因
此 1850－1870 年间层出不穷的方言赞美诗歌本成为人们了解该段历史的一个

途径。1851 年美国长老会的马丁编印标有罗马拼音的宁波土话赞美诗集一本，1852 年在厦门传教的杨威廉编写厦门方言《养心神诗新编》13 首，1855 年美南浸信会克劳福编印上海方言《赞神诗》，英国伦敦会的史屈那在 1857 年编印一册厦门方言《土白圣诗集》85 首。1858 年伦敦会的茂海德编纂上海方言《赞主诗歌》100 首，陶曼其于 1859 年编印标有罗马拼音的厦门土话赞美诗集，1859 年又一本上海土白《赞神诗》21 首由美南浸信会的凯勃尼斯出版，该书标有一种传教士发明的特殊注音符号。1861 年英国长老会的宝威廉（W. C. Burns）将单张赞美诗装订成册，发行福州土白方言《榕腔神诗》30 首。同年，他又编纂出版汕头方言《潮腔神诗》29 首，1873 年修订扩增再版名《潮音神诗》。1862 年宝威廉在这两本方言赞美诗集的基础上出版厦门土白《厦腔神诗》20 首。同年，美国长老会的密尔斯编印标有罗马拼音的上海土白《赞美诗》90 首，同宗派的传教士方能夫妇于 1868 年出版上海方言《曲谱赞美诗》一本共 72 页，在此不一一例举。（盛宣恩 1980：2-4）此类极富特色的出版物均为翻译过来的西方赞美诗，也有一些传教士本人的创作，多数为歌词本，没有刊印乐谱。方言赞美诗集的出现，为南方地区的传教工作提供了便利条件。

编纂赞美诗集多为传教士本人或所属教派的工作，初入内陆的外国教士们对中国各地纷繁复杂的风土人情多有自己的认识，各差会也没有在除自己领域以外的更大范围进行传教，因此该时期出版及编纂的赞美诗集繁多混杂，后人很难统计其种类、数量和发行状况。例如，仅上海地区至少就有六种体裁的方言赞美诗集，歌词使用古体文、上海土话、罗马字拼音、古体文与罗马字拼音并用、土话与罗马字拼音并用、注音符号等方式。（盛宣恩 1980：2-4）笔者的外婆生于 19 世纪末的福建闽南地区，直到 20 世纪 80 年代，她仍在使用竖体版闽南话与罗马字拼音并用、附有简体字谱的《闽南圣诗》。由此可知，这种入境随俗采用方言唱歌的方法是颇受老百姓的欢迎。

方言赞美诗曾在一定程度上成为传教士的得力助手，随着各差会领域的扩大，印有各地俚语白字的赞美诗集逐渐显示其薄弱之处。对于不懂异地方言的信徒来说，赞美诗集和歌曲是既看不明白也不能听懂，因此各教区统一的普通话赞美诗集应运而生。此时期的代表作有华北公理会的《颂主诗歌集》、华北长老会的《赞神圣诗》、圣教书局的《颂主圣诗》、浸礼会的《新颂主诗集》、信义宗的《颂主圣诗》、福州教会的《颂主圣诗》、安息日会的《颂赞诗歌》、内地会的《颂主圣歌》和监理会的《江南赞美诗》等，次类由各差会自己编纂的普通话赞美诗逐渐代替了原来的方言赞美诗。

三、20世纪上半叶的基督教音乐

（一）本土赞美诗的兴起

在20世纪上半叶纷乱动荡的时局下，基督教各差会逐渐立稳脚跟，赞美诗翻译编纂工作散布全国各教会派系。一些外国传教士已经有意识地将民间音乐及儒释道的词语运用于赞美诗中，此时参与其中的华人为数尚少，中国信徒自己创作的诗歌更是零星可数，不过这却是本土化赞美诗兴起的火种。

最早有据可查的国人创作为山西内地会牧师席胜魔的《我们这次聚会有个缘故》（1883年）和《主赐平安》等具有山襄阳、临汾地区民歌特色的赞美诗。（陶亚兵 1994：175-178）1900－1936年期间国人编纂或创作的赞美诗集有：1908年基督教青年会出版、谢洪赉主编《青年诗歌》，1922年倪柝声主编《小群诗歌》，1923年全国基督教协进会出版、王载主编《复兴布道诗》，1924年基督教女青年会出版《中华基督教女青年会诗歌》，1925年中华基督教广东区会出版《颂主诗编》，贾玉铭编著《灵交诗歌》（1930年）及其流传最广的《圣徒心声》（1943年），1936年出版王明道主编《基督徒诗歌》等。最上乘之作当属1931年出版的赵紫宸编译《团契圣歌集》和赵紫宸作诗、范天祥配曲《民众圣诗集》。1922年5月在上海召开了全国基督教大会，明确提出中国教会本色化宣言，是对之前兴起的非基督教运动[4]的回应。除了对本色教会、本色神学等问题的探讨，崇拜、礼仪和诗歌的本色工作也始于这个时期。此阶段编纂的《团契圣歌集》和《民众圣诗集》，特别是后一本，正是因应此风对中国风格的赞美诗进行探究的结果。

20世纪上半叶也是本土自立教会兴起的时期，如1917年魏保罗等人在北京设立的"真耶稣教会"、1921年山东马庄敬奠瀛创办的"耶稣家庭"、1922年在上海由倪柝声等人开始的"基督徒聚会处"、1937年王明道在北京建堂的"基督徒会堂"等。这些本土教会编纂的赞美诗集各具特色，如山东马庄的《耶稣家庭诗歌》，套用中国民间音乐曲调，歌词多为敬奠瀛本人创作的教义内容，浅白明瞭，对大多数不识字的乡村信徒起到了直白的影响作用。倪

---

4 非基督教运动，20世纪20年代反帝爱国民族运动，矛头直指中国教会在政治上与西方的关联，并在文化上与中国的隔阂。

柝声等人编纂的《小群诗歌》，是自己创作和自行翻译的作品，大部分是西方经典赞美诗，他们对其进行分类，出版后广受欢迎，并陆续有各种版本的增订版发行，这是此时期内容最丰富的赞美诗集。[5]

（二）音乐活动与音乐教育

20 世纪上半叶福音布道的热潮，激发了中国信徒组织布道团的热情。布道歌曲源于 19 世纪英美大觉醒运动中的产物——福音歌曲，它用质朴的旋律和简单的信息对信徒产生强有力的影响，基督教传教士藉布道活动带领大量群众皈依，音乐的实用主义被福音布道歌曲发挥得淋漓尽致。此时期，由国籍牧师王载主编的《复兴布道诗》、上海伯特利会堂的《伯特利诗歌》、宋尚节的《奋兴短歌集》等都是此类针对性明确的布道歌曲。

传教士在室外布道常选择街头、茶馆之类的热闹地段，或散发福音单张、或放映幻灯、或用手风琴边拉边唱、或摇铃边走边唱，这种形式很是吸引路人。渐成规模之后，他们开始搭棚支场：

> 用大字写些布道诗歌于白布上，有风琴或其它乐器和唱，按日有几次演讲，如是举行一星期或数星期不等。（王治心 2004：244）

这种奋兴布道会的歌曲内容和演唱方式由布道人决定，大多形式简单而灵活，而布道者的个人性格往往定性了整场的音乐风格和布道效果。

宋尚节博士是中国著名的奋兴布道家，他的讲道方式极富个性和号召力。在他的布道会上，年轻人而不是老年人被要求坐在会场的前面，然后他自己开始领唱：

> 早已听说他领唱的方式，皆不是由司琴的先弹，乃是他怎样唱，怎样的调子就要跟着弹，弹的不合意，他会叫弹琴的人下台去，找一个会弹琴的人来弹。记得第一次他唱的是'释放、释放、荣耀释放！'他的国语不灵光，是兴化国语，头发披下，穿着旧布长衫，大家唱得不够力，他便用一条指挥棍在讲台上打拍子，他问一句说一句，要台下的有回应有参与，这才明白他为什么要年轻人坐在前面，因为年轻人才能跟他回应，一同喊叫。过三天，所有的青年人也和他一样声音嘶哑，他的表演吸引青年人，所以悔改、奉献的人很多。（于力工 2002：50-51）

---

5 最多的一版《诗歌（增订暂编本）》共有诗歌 1052 首，1933 年福州聚会处编，1952 年上海福音书房出版。

祷告、讲道、认罪、呼召、传福音是奋兴布道会的核心内容，选唱的歌曲须要围绕这些主题最大限度地起到快速感化人心的作用。如果有专业音乐人士或乐队的参与，会为布道会增色不少。于力工牧师早年曾多次参加福音布道会，对领唱的心得总结为：歌词简洁明了、曲调优美引人、适合传讲福音信息以及领唱者的心灵准备，（于力工 2002：269）这些颇能说明基督教布道歌曲的特点。奋兴布道会在 20 世纪上半叶的中国十分兴盛，它吸引了大批年轻人和知识分子皈信，但这种形式随着基督教在中国的衰落再无昔日光景。直到今日，奋兴布道歌曲不衰的活力以新时代的方式表现出来，此为后话。

除了教堂内的礼拜和教堂外的福音布道，音乐还活跃于外国差会创办的教会学校中。由于基督教和天主教极为重视文化教育，教会学校虽具有宗教性质并带有一定的强制性，但仍为中国带来了全面的西学教育体质和模式。音乐教育是学校中必不可少的内容，音乐课从传教士进入中国创办西学堂起就已经开始，教会大学、中小学甚至是育婴堂、孤儿院里的孩子们都耳熟能详地唱颂赞美诗或圣咏。学校成为求知进步的象征，而教会学校培养出的莘莘学子所具备的高文化素质也成为那个时代的代表。

1839（道光十九）年，毕业于耶鲁大学的美国基督教传教士撒母耳·布朗（Samnuel Robbins Brown）在澳门创办了中国近代第一所西式学校——马礼逊学堂，课程设置既有中国传统的四书、诗经、易经等，又有西方的天文地理、数学、物理、化学、生理卫生和音乐等。此后陆续创办的较有代表性之基督教教会学校有：1864 年美国公理会在北京开办的贝满女校、1864 年美国长老会狄考文夫妇创办的山东登州文会馆（原名登州蒙养学堂，后齐鲁大学前身之一）和 1892 年美国卫理公会创办的上海中西女子学校等。这些学校多有音乐课程并设立唱诗班，可以学习赞美诗和演奏西洋乐器等，其中以 1850 年法国传教士在上海创办的天主教徐汇公学里的唱诗班和西洋乐队在当时最具影响力。

值得一提的是，特殊教育这种中国制度中前所未有的形式，由西方传教士在中国开始实施。如 1888 年英国循道会在湖北汉口创办的大卫·希耳盲校、1892 年美国传教士在广州设立的瞽目女塾、1900 年英国圣公会在福州设立的女童盲校、1909 年美国圣道会在广东肇庆设立的女童盲校和 1922 年由德国宗教团体出资中华国内布道会在昆明设立的振聩瞽目学校等。这些特殊学校与普通教会学校一样开设音乐课程，众多不被社会接纳的残疾孩童们在学校中不仅能掌握技术自力更生，还可以学习音乐享受文娱乐趣。

教会中学的音乐课从学唱赞美诗入门向中国人普及西方音乐，教会大学的文体娱乐更是丰富多彩。教会大学在中国历史上存在不过 5、60 年，数目也很有限，却是西式教育机构的代表成果和孕育中国新型知识分子的摇篮。著名的学校有基督教创办的燕京大学、之江大学、华西协和大学、金陵女子大学、福建协和大学、东吴大学、圣约翰大学、广州岭南大学、武昌华中大学和天主教创办的辅仁大学、震旦大学、天津工商大学等。教会大学里宗教氛围浓厚，每到周末礼拜日和平日的早晚祷告会基本要求全体师生参加，中国学生的反应各不相同，或反感厌恶或倍感新奇，但无一例外的是，极少人排斥礼拜堂中的歌声，优美肃穆的音乐总是格外地吸引年轻人。燕京大学宗教学院拥有一批中西音乐兼备的教师，学生对音乐的参与和创作也十分热情，因此该院的圣乐系较出名；华西协和大学的学生们首发组织了音乐协会，有歌唱队和乐队，之后华大还专门成立了音乐委员会，各委员都是音乐专家；金陵女子大学和金陵大学联合组办唱诗班参与教堂礼拜活动；福建协和大学专有音乐系，在抗战期间也举办音乐会和烛光圣诞仪式，后又重组联合合唱队开展活动；辅仁大学歌咏队擅长西方经典宗教合唱作品并经常公演，并同时建有管乐队、弦乐队、钢琴队和民乐队等，学生自发成立的辅仁协声社还定期举行唱片音乐会播放世界名曲。这些教会大学培养出的音乐人才和音乐爱好者不一定都是信徒，但他们中的大多数成为后来中国专业音乐领域中的领军人物。

（三）集大成者《普天颂赞》

从赞美诗进入中国开始，基督教各差会一直在陆续出版各自所用的赞美诗集，对于最终追求教派联合的基督教团体来说，解决零散混乱的出版现象，促成一本各教派达成共识可统一使用的联合赞美诗集是当务之急。

1922 年 5 月 2 日至 12 日在上海举行的"基督教全国大会"上，基督教各宗派集合当时所用的多种诗集，委派六个宗派的代表以《颂主诗集》作底本编纂新的赞美诗集。至 1936 年，由中华基督教会、中华圣公会、美以美会、华北公理会、华东浸礼会和监理会组成的联合圣歌编辑委员会编辑的《普天颂赞》由广学会于上海出版，这本书可谓一百多年来中国赞美诗集的集大成者。该书由燕京大学教授刘廷芳担任编辑主席和文学委员会主席，燕京大学音乐系主任美国传教士范天祥担任音乐主编，杨荫浏任编辑委员会总干事。《普天颂赞》编辑缜密，索引全备并且分类明确，利于读者查找。客观地说到目前为止，国内出版的赞美诗集，甚至是普通的歌曲集，都难以超越《普天颂赞》的编纂水准。

该书出版有数字谱本（简谱）、五线谱本和文字谱本三类。数字版的编订分为：a.序言：说明本书的目的、特点和使用方法。b.数字谱的说明：分为八表（即八节）详细说明数字简谱的使用方法并配以图谱，生动形象。c.目录：配以中英文，分两大类"圣歌"和"礼拜乐章"，其中圣歌类包含 11 类主题——崇敬、教会周年节期、教会、圣徒生活、时序、特殊用圣歌、家庭圣歌、青年圣歌、孩童圣歌、布道圣歌，礼拜乐章类包含 4 类主题——早祷颂歌、晚祷颂歌、圣餐乐章、诗篇及特殊乐章。d.中文歌名索引：按笔画分类，标明歌曲数而不是页码数，其中画圆圈者为国人创作的圣歌。e.中文首句索引：按笔画分类，以每首歌的首句为索引，标明歌曲数。f.英文首句索引：按字母排序，标明歌曲数。g.音调索引：英文索引，标明每首歌的正式调名，画圆圈者为国人创作或西教士模仿中国音乐所作的音调，其英文调名之后都附有中文调名如 Pure Heart（清心调）等。h.乐律索引：共 118 种，此处的乐律指的是英文圣诗的音节数，比如 Long Meter（LM）长乐律指英文四行诗每行有 8 个或 8 个以上的音节，重复使用一遍为 8.8.8.8.双、英文为 Double Long Meter 8.8.8.8.D（LMD）；Common Meter（LM）中乐律指四行诗的音节数为 8.6.8.6 等。i.普天颂赞与其他四种诗本共有圣歌之对照索引：用表格列举，其他四本诗歌为——颂主诗歌、协和颂主圣诗、颂主圣诗、赞神圣诗。g.颂调索引：有三类——单颂调（单声部颂歌）、双颂调（二声部颂歌）和格列高利式颂调。k.圣餐及特殊乐章索引。中间为按主题分类排序的所有简谱词曲内容，每首的标题均为中英文，并附有中文乐律和英文音调标注，如每首歌还可以用其他的曲调演唱，在歌曲的最后说明通用调的歌曲数及曲名。在书的最后一页附注《普天颂赞》的三种版本——线谱本、数字谱本、文字谱本不同纸张及装帧的各种价格。全书前后共耗费组委会七年的时间，敲定 512 首圣诗，其中 72 首具有中国风格曲调，由国人或西教士模仿创作。在该书的序言中，特别提到包含 1/10 以上当时最好的中文创作圣歌，1/8 是中国的曲调。

《普天颂赞》文字谱本和数字谱版本最受国人欢迎，西方传教士和专业音乐人士对五线谱版本的需求量很大。出版十多年至 1949 年间，各版本已发行 44.2 万本，可谓当时出版界的奇迹。

我们间最大的工作任务就是出版这本赞美诗集。在移居西部和西南地区的那些年里，我们除了印刷删节诗集无法重印其他任何东西。事实上，当我们今天看到手中这本印刷精美，纸张优良的五线谱赞美诗时，我们常常怀疑自己是否还能印出这么好的书来。从今年年初我们开始重印以来，现在手头已经有了 2000 册纯文字版和 800 册五线谱版的《普天颂赞》，以为可以维持几个月的供应。可是才到 3 月。我们就不得不重印纯文字版诗集。估计印数比较高，虽然有些犹豫，我们还是决定加印 2000 册。然而，当这批货还在印刷厂的时候，我们又再次感到有必要将它增加到 3000 册。这些赞美诗一出厂销势就很好，不久，我们感到又要准备重印了。教会已经丢失了大部分书籍，一旦交通恢复，他们就急着获得供应。现在的销售是如此令人鼓舞，我们决定再印 5000 册文字版赞美诗，同时也在考虑重印五线谱版本，因为这种诗集也快售完了。征订数量还没有报上来，但我们已经提前做准备了。可刚与印刷厂签下文字版重印合同，印刷厂就传出消息说一些电铸版因过度磨损而不能使用了。继续使用电铸版印刷与印刷之前重新排版相比，哪一个的代价更大呢？我们于是立即签定了一份另外加印 5000 册的合同，现在我们很高兴地得知，年底前这批赞美诗可以出厂。最近又有消息说，远洋客轮'马利昂—令克'号就要返回中国，上面载有 400 位传教士。他们绝大部分人都需要新的五线谱赞美诗。（何凯立 2004：206-207）

《普天颂赞》出版数量统计表（1938－1947）

年　份	印刷册数
1939	23,000
1940	42,000
1945	5,000
1946	10,000
1947	33,000

（上海广学会 1939－1947 年全部年报资料，何凯立 2004：206－207）

（四）音乐专栏《圣歌与圣乐》

1926 年北京基督教生命团契和真理团契，将各自出版的刊物合并为一个新刊物《真理与生命》，该刊创办至 1937 年由于战争和经费原因停刊。燕京大学教授刘廷芳、赵紫宸和徐宝谦担任编辑，最初为单月刊后改为双月刊，并有两期英文特刊。1934 年 3 月第 8 卷第一期《真理与生命》创办音乐专栏《圣歌与圣乐》，副标题为"讨论教会圣歌与音乐的刊物"。刘廷芳和杨荫浏担任主编，此刊每季一期，每年 4 期，共 14 期 33 篇文章，后被抽印出来，另加有正式封面改为正式刊物，这时迄今为止中国唯一一份专门研讨教会音乐的出版期刊。

此刊的主编者们中西音乐文学水平兼备，由于战争原因停刊前发表的文章仅有 33 篇，但已涉猎教会音乐的多个领域，可惜不少话题仅是开头就再无续言之缘。尽管如此，这些数量有限、篇幅不大的文章，还是能让今天的读者踏入尚不熟悉的领域，学习并了解教会音乐的入门知识，以及当时中国信徒如何将洋教用音乐和诗歌的方式融入国人心声的种种努力。即使在今天的学术界，基督宗教音乐各领域的相关研究也刚刚起步，因此这份资料尤显价值。文章名录如下：

第 1 期：过来人言－刘廷芳

圣歌探讨之初步－杨荫浏

中国信徒对于圣歌的文字观－佩德、荫浏

中国信徒对于配合圣歌音乐上的主张－佩德、荫浏

第 2 期：中国信徒对于圣歌选择的意见－廷芳、荫浏

中国信徒对于圣歌中几个称谓词的主张－廷芳、荫浏

第 3 期：从选择上评联合圣歌集的内容－广东长老会万爱敦

古希伯来抒情诗歌论丛（一）－薛冰

秋水斋译述圣歌诗话－刘廷芳

第 4 期：西文的音乐特征－杨荫浏

古希伯来抒情诗歌论丛（二）－薛冰

秋水斋译述圣歌诗话（二）－刘廷芳

第 5 期：圣歌的翻译－杨荫浏

古希伯来抒情诗歌论丛（四）－薛冰

第 6 期：圣歌的翻译－杨荫浏

秋水斋译述圣歌诗话（三）－刘廷芳

第 7 期：对于会众的颂赞加一种灵感－费佩德

古希伯来抒情诗歌论丛（五）－薛冰

秋水斋译述圣歌诗话（四）－刘廷芳

第 8 期：联合圣歌委员会的历史

普天颂赞集里圣歌的来源

联合圣歌委员会圣歌译述的原则

普天颂赞的内容

（关于普天颂赞集－根据六公会联合圣歌委员会撰的序
文）

第 9 期：普天颂赞集数字谱本序－六公会联合圣歌委员会

传道人眼里的普天颂赞－董景安

第 10 期：基督教的圣歌略史－费佩德、杨荫浏合译

普天颂赞里的圣歌产生年代表－刘廷芳、杨荫浏

第 11 期：圣乐的欣赏－费佩德、杨荫浏合译；刘廷芳校订

圣歌音调史（一）－杨荫浏

第 12 期：圣乐的欣赏（下）－铁逊坚著，费佩德、杨荫浏合译；刘
廷芳校订

第 13 期：圣歌故事（一）－费佩德、杨荫浏合译；刘廷芳校订

圣歌音调史（二）－杨荫浏

第 14 期：圣歌故事（二）－费佩德、杨荫浏合译；刘廷芳校订[6]

四、1949 年－1980 年的基督教音乐

1949 年新中国建立之后，西方传教士和机构陆续撤离大陆地区。接下来
的中国进入了一段特殊时期，在此期间基督宗教几近销声匿迹，以一种秘密
聚会的地下状态生存。20 世纪 50－60 年代，大陆地区陆续有为数不多赞美诗
集出版，文化大革命时期（1966－1976 年）教会及相关活动消失。

上海广学会 1950 年出版的王神荫编《圣诗典考》，是迄今为止最为详实
的一本介绍西方经典赞美诗的中文史料。20 世纪 50－60 年代，出版的部分赞

---

6 关于《普天颂赞》和《圣歌与圣乐》的专题研究，可参林苗《中国基督教赞美诗
及〈普天颂赞〉之研究》〔博士论文〕中国艺术研究院 2009。

美诗集有：

　　蔡扬旅复《儿童圣诗及崇拜文》中华基督教宗教育促进会 1950 年

　　苏佐扬《天人短歌第一全集》基督教天人社 1950 年

　　钱国运《天侨歌声》出版社不详 1950 年

　　杨绍唐《教会诗歌》基督教会 1950 年

　　马革顺《杖竿短歌集》音乐出版社 1950 年

　　苏佐扬《天人圣歌选集》基督教天人社 1951 年

　　蔡钦光《儿童救恩诗歌第一集》万国儿童布道团 1951 年

　　《诗歌选本附简谱》福音书房 1951 年

　　《布道短歌》华东基督工人恩典院 1953 年

　　《颂主诗歌》基督教会 1953 年

　　马革顺《受膏者：声乐协唱曲》中华浸会书局 1954 年

　　基督教中西同工《颂主圣歌》证道出版社 1954 年

　　《新颂主诗集》浸信会出版部 1954 年

　　《大家唱第二集》浸信会出版部 1954 年

　　《诗歌简谱增订暂编本》福音书房 1955 年

　　《圣诗选集简谱本》上海广学会 1956 年

　　《证道诗歌》菲中华基督教会播道团 1958 年

　　《颂主圣歌》证道出版社 1961 年

　　20 世纪 70 年代，香港教会编辑修订了两本最主要的赞美诗集：《颂主新歌》浸信会出版部 1973 年，和《普天颂赞》基督教文艺出版社 1978 年。具有百年历史的香港宣道出版社，也是中文赞美诗集出版的重要发行商。如 1940 年该社出版的《宣道诗》，有琴谱版、简谱版、文字版等，至今印行 20 万本左右。1949 年之后的最主要赞美诗集出版物为《青年圣歌》，该书的第一集至第十二集，在 1951、1954、1956、1959、1964、1967、1968、1969、1971、1973、1981 年分别出版。后出版《青年圣歌》综合本（一）—（三），时间为 1960、1970、1981 年。《青年圣歌》单行本印行量共达 35 万册左右，《青年圣诗》三本综合本其印行量约 40 万本左右。该书由外国牧师刘福群和华人牧师何统雄合作翻译出版。1986 年该社出版了另一重要的赞美诗集《生命圣诗》，有精装本、司琴本、薄体本、袖珍本及袖珍本合并圣经版等，总印行量达 26 万多本。

这段宗教发展的低谷期中，赞美诗集的出版成果虽少，却拥有一批优秀成熟的教会音乐家，如马革顺、史奇珪、杨旅复、黄永熙、苏佐扬、扬伯伦和纪哲生等，他们都是中国基督教音乐的开拓者，并为后来的音乐发展奠定基石。

第四节　当代中国基督教音乐

20世纪80年代以后宗教政策落实，全国各地教堂开放，部分教会的教产被归还，基督宗教开始复苏，自此真正进入了本土化时期，曾经的西方文化特质逐渐消匿或转型。基督教的发展中，首先快速增长的是汉族乡村教会，以河南省为典型代表。步入20世纪90年代，随着沿海经济区的发展，温州地区基督教的迅速繁荣成为人们关注的对象，而各大城市教会也进入人数持续增长的状态。到了21世纪，旅游业的复兴使人们陆续关注偏远山区，各地政府也主打本地特色文化品牌，沉寂并延续了百年的少数民族基督教文化逐渐被世人所知。

笔者将现今纷繁复杂的本土基督教音乐略分三大类：汉族城市地区、汉族乡村地区和少数民族地区。在汉族城市地区，教堂依旧承袭西方传统宗教音乐，较突出的变化是流行音乐元素的大幅增加。在汉族乡村地区中，西方音乐常被人们改造成彻头彻尾的风味小品，如华北地区的信徒将圣诞名曲《平安夜》唱成纯粹的民间小调，或将经典的赞美诗曲调填上与福音内容相关的乡村民谣等。在少数民族教会中，存在着中西音乐文化融合的鲜明特征，典型代表如本文的主题——傈僳族、大花苗用本土唱法演绎四部混声合唱的西方赞美诗等。

一、汉族城市地区

无论目的如何，信徒和非信徒基本认同教堂里的歌声颇具吸引力。人们承认高雅神圣的音乐能净化灵魂，通俗亲切的诗歌能宁静心境。汉族城市教会的信徒对音乐的选择是多样化的，对他们来说优美的旋律必不可少，更重要的是歌词所具备的现实意义对自身的激励和感动。城市地区的教会音乐状况可从赞美诗集的使用上反映一二。以北京教堂为例，各堂统一采用中国基督教协会出版的《赞美诗（新编）》（1991年初版）400首为公用歌本，以供应崇拜礼仪中会众和诗班的唱诗。部分教堂内部发行本堂编纂的歌本，如2000

年缸瓦市教堂出版钢琴四部和声谱本《圣诗选编》，2002 年崇文门教堂出版附钢琴伴奏的合唱谱本《圣诗选集》（上下）等。这些歌本仅限内部发行，供唱诗班使用。普通信徒的识谱程度（尤其是五线谱）较低，基本通用《赞美诗（新编）》简谱版。该歌本在全国各大教堂的使用率达 100%，全本 400 首多译自二三百年前的西方传统赞美诗，少部分为各国及中国信徒创作的赞美诗，其中最近创作的一首是 20 世纪 80 年代的作品。而之后正是中国基督教徒呈井喷式发展并逐渐年轻化、高知化的阶段，与此同时全国基督教两会并没有在音乐工作上多有建树，显然这本传统而正统的代表性歌本已远远不能满足急速增长人群的需求，因此造成私下流通的歌本层出不穷并且质量良莠不齐的混乱状况。

非正式出版或内部使用的歌本数量之多难以统计，不仅流行于自行成立的家庭教会、小聚会点或团契中，很多三自教会也使用自行编纂的歌本。大部分歌本印刷简单，以简谱为主，小巧便携，属于大杂烩式的音乐类型和风格。歌本根据不同的主题选取相应的歌曲，如主题为"崇敬、三位一体上帝和复活、受难"多选用西方传统赞美诗和敬拜赞美风格短歌等。其主题内容以个人灵修和信徒生活类的音乐风格最为多样，有民间小调、灵歌（多选自《迦南诗选》）以及港台流行音乐风格的《赞美之泉》和《我心旋律》等系列。这些歌本鲜有刊印词曲作者或译者，这种现象由来已久。20 世纪 30 年代，原燕京宗教学院院长刘廷芳曾撰文指出（刘廷芳 1934：1），翻译赞美诗歌的先哲前辈们，大都不留下自己的姓名，所译之诗也都不载年月等，以至于后人做起研究来困难重重。而没有录入词曲作者的状况，除原作者没有留名之外，即是编著者的水准问题。原因有四，一是人们并不在意创作者为何人，因此不予编录或懒于查找；另一种观点在教内颇受认可，即为上帝做事是个人之荣耀，无需留下姓名，劳作辛苦都会记录在天家。这种观点源自中世纪或更早，格里高利圣咏的创作和哥特式大教堂的建设中都没有留下千万作者的芳名。因此在现今的歌本中，有不少带注解的歌曲都标有"词曲：一位姊妹（弟兄）"，并说明歌曲的缘由，仅为与他人分享自己信仰的心路历程。除了不计名利等心理因素之外，当代赞美诗歌本混杂纷乱且无据无名可查的原因之三，是中国的信徒和非信徒一样版权意识淡漠，并存在一种为上帝做工不应再收取报酬的思想倾向，海外神学丛书、赞美诗集和 CD 等资料因进口的限制而大量被翻印（尤以温州地区为代表），内部称为"分享版"。这种情况也反映出当代信徒对待信仰问题不是流于表面，而渴求更深层的学习思考。原因之四，是这些私下流通的歌本多为家庭教会（也包括不少的三自教堂）所出，可正规出版的极为有限。人才奇缺是现今中国教会在音乐方面的困境，因此编纂歌本的情况多为东摘西抄，原有的歌谱已是出处全无，更无法谈及编写中的整理、校谱和出版的规范。这种歌本的出现仅为满足本聚会点信徒唱诗的需要，因此音乐风格混乱、词谱错误百出的状况就可以理解。因此，观察不同歌本的规范性和音乐内容水准，可管窥所属教会的音乐的发展状况。如果某教会的带领人对音乐有一定的重视程度，并具备一定素质的音乐人才，那么该教会的歌本所选用的曲目难度和乐谱的规范度都有相应的提升。但一本较好歌本的出炉，须具备教会的支持认同和人才兼备的两方面因素，在某种程度上也反映教会带领人的文化素质和神学导向。

除赞美诗集外，唱诗班也代表着教会音乐水准的高低。西方传统唱诗班音乐全盘照搬的模式，广见于城市教会各大教堂的正式礼拜仪式中，每所教堂都会建立属于本堂的一个或数个唱诗班。好的唱诗班首先用音乐带领信徒进入崇拜礼仪，其次起到提高整体教会音乐水平的作用。由于音乐艺术的独特魅力，很多喜爱唱歌的信徒（尤其是年轻人）都希望加入唱诗班。但随着年轻人的快速增加，小规模的聚会点和团契等教会团体表达出多元化和年轻化的音乐需求，轻快简洁、不拘一格的流行风格圣歌大有取代要求较高的四部合唱音乐之势，并且风头日渐。如《赞美之泉》之类的流行圣歌，已广泛辐射到中国广大的城市和乡村教会中，一把吉它、一台电子琴或架子鼓伴和反复歌唱就能倾诉年轻人的情感。以北京教会为例，在音乐发展方面较为突出的当属海淀教堂。由于毗邻高校区和中关村科技园区，该堂信徒中大学生和白领明显偏多，音乐发展也趋于年轻化的蓬勃状态。该堂拥有一位专职的音乐牧师，这在全国教会中实属少见，并建有大诗班、青年诗班、清泉诗班、父亲诗班、儿童诗班、晨韵诗班、雅歌诗班、新的赞美、以琳圣剧团（音乐圣剧）、天歌合唱团、大卫之声等11个相关团体。每个团体均有自己不同的教务分工和服务对象，表演除传统的钢/风琴伴奏的四部合唱之外，流行电声乐队是最主要的音乐形式，这也是基督教音乐全球流行化的走向和趋势。虽然愿意贡献才华的专业音乐者仍匮乏，但未来的发展之势仍值得关注。

二、汉族乡村地区

汉族乡村信徒占全国信徒比例的大多数，也是改革开放后首先发展起来的一部分。相对汉族城市教会而言，乡村教会受西方文化以及现代化生活方式的影响较小。相对几近全盘西化的城市教会音乐，乡村教会音乐的本土风味较为突出，其风格性音乐可大致分为三类：润腔本土化的西方传统赞美诗、用西方赞美诗曲调或本土民歌小调重新填词的"福音民谣"和信徒受感动自创的"灵歌"。

润腔本土化的西方传统赞美诗是乡村信徒的拿手好戏，无论外来还是本土改编自创的赞美诗，无一例外地被乡村信徒演唱成韵味十足的民间小调，在他们看来这些歌曲没有中西土洋之分。在庄严肃穆的教堂里颂唱的西方传统赞美诗，到了乡村信徒的口中犹如田野村头的民歌，浓重本土韵味的演唱和随意添加的韵腔滑音使歌曲面目全非。更具特色的是自行改编的福音民谣，其旋律源自西方传统赞美诗或改编的中国民歌，歌词是人们编纂的口头民谣，多为劝勉信徒、改邪归正、家庭和睦、认真信主之类的福音内容，特别反映乡村传统价值观与基督教价值观的调合。

灵歌是较为特殊的基督宗教诗歌，该词源于《圣经》新约保罗书信之以弗所书 5 章 19 节"当用诗章、颂词、灵歌，彼此对说，口唱心和地赞美主。"和歌罗西书 3 章 16 节"当用各样的智慧，把基督的道理丰丰富富地存在心里，用诗章、颂词、灵歌，彼此教导，互相劝戒，心被恩感，歌颂神。"基督教将这两句经文理解为"在灵里歌唱"，其解释颇有争议，多指有感而发赞美上帝的歌曲，是一种自由体裁的诗歌。早期教会将灵歌称为"欢呼"（Jubilus，原意为大声喊叫和呼唤），这些声音通常是没有字词的短句，多指中世纪格里高利圣咏中的哈里路亚花唱。中世纪经院哲学家、神学家奥古斯丁认为"这种诗歌实在是一种无词的狂喜之歌……表达满腔的喜乐……一个人在极端狂喜，用尽为人所了解的字眼之后，无词的喜乐之歌自然流露出来，因为那种狂喜，往往无法用语言形容。"（赫士德 2002：173）最具代表性的美国黑人灵歌无疑体现了灵歌的基本特征——有感而发、个人宗教体验以及口语化较自由的歌词。20 世纪 60 年代在美国兴起的基督教灵恩运动中，人们主张灵歌"是一种自发性、狂喜的、含舌音的歌唱，这种唱法至今仍然存在。"（赫士德 2002：173）

在教会传统中，人们把"受圣灵感动"自发创作的歌曲叫灵歌，通常指有感而发不受理性创作影响的即兴诗歌。这种情况多现于文化水平较低的人群中，城市信徒远不如乡村信徒那样容易动情并频繁出现"唱灵歌、跳灵舞"之"圣灵感动"现象。乡村信徒常用的创作手法是使用熟悉的民间曲调，填写圣经经文或故事作为歌词，使目不识丁的村民可以了解圣经和教义。绝大部分人对传统赞美诗的来龙去脉并不清楚，但对流传于本土教会中某位信徒（称弟兄姊妹）创作的灵歌却了解甚多，这与基督教的传教方式有关。此类歌曲的内容多为个人的信仰生活经历，很多不识字不懂谱的人出口成章几十首甚至上百首。在传唱或举行礼拜的过程中，个人在群体面前常以做见证的方式上台讲述自己的故事，藉此大大激发或感动其他的信徒，因此灵歌最受乡村信徒的喜爱。但基于文化差异，多数灵歌较难获得城市信徒的认可，认为其词曲俗气、创作水平低下，并有胡编乱造或抨击社会之嫌，但不少海外华人信徒赞同这正是大陆信徒纯朴简单的心声，其亲切优美的旋律是真正能代表中国的本土产物，更有部分专业音乐人士也对好的乡土灵歌钦赞有加。出现这些褒贬不一之声的原因虽多，但终究反映出本土作品匮乏而佳作难觅的现象。

这类民间小调式、有感而发的灵歌浅显通俗、数目众多，最具代表性的当属《迦南诗选》。其作者河南乡村女信徒小敏仅有初中文化水平并且不识乐谱，20世纪90年代开始由别人记录，她陆续原创有感而发的歌曲一千多首，后被编成《迦南诗选》歌集，在国内外广泛流传。这些歌曲的旋律多为五声音阶，曲风委婉亲切流畅，歌词琅琅上口。千首歌曲风格多有雷同，歌词也局限于作者的文化水准。类似小敏这种"随口"唱灵歌的情况，在乡村教会中层出不穷，但《迦南诗选》在海内外影响最大，很多乡村聚会非此歌集不唱。这位乡村信徒"下意识"唱出的灵歌道出了她个人信仰经历中的酸甜苦辣，配合熟悉的曲风极大激发了信徒的心灵共鸣。该歌集因具有民间小调风格、歌词口语化并个人化、神学水准不高以及涉及一些敏感话题等备受争议，但其中仍有一些佳作。旅加著名作曲家黄安伦将《迦南诗选》中的部分歌曲改编成合唱曲目并录制唱片，获得较好的评价，冯小刚导演电影《1942》片尾主题曲《生命的河》，正是使用的《迦南诗选》中《生命的河》的歌词。

在当下的乡村教会中，传统西方赞美诗、福音民谣和灵歌并行存在的现象较为普遍。除此之外，其他的艺术表现形式也较丰富，逢圣诞节、复活节等大节日，各具特色的文娱活动纷纷上演。在北方，福音快板书和三句半备受喜爱，信徒自编自导将教义或劝勉的内容编成串词，网络即可下载福音快板书和三句半的剧本。乡村锣鼓队和秧歌队是宣传福音的好工具，信徒口唱赞美上帝的歌曲、扭动大秧歌的舞步，在震耳欲聋的锣鼓伴奏声中满是自豪地宣传信教的诸多好处。在一些地方，这种形式甚至成为当地政府主打的文化艺术特色节目，并推荐参加县市的文艺汇演。在南方，本地著名的歌舞常被改编成福音内容，如广西某教会把《刘三姐》改编成福音歌舞赞美上帝，信徒身着电影中的民族服装，表演男女对唱和集体扇舞，这个节目在接待海外团体时十分惹人注目。虽然乡村教会的音乐文艺种类较多且特色突出，但总体发展而言，如同城市教会一样，流行风格的电声赞美乐队正逐渐成为最时尚和最受欢迎的教会音乐演绎方式。

三、少数民族地区

　　一百多年来，由于中国内地会（China Inland Mission）和其他各外国差会的努力，基督教在中国偏远深山腹地中的各个异装部落中扎根，少数民族能歌善舞的文化基因在西方宗教文化中，被适当地改造和发扬，以独特的方式重新诠释出来。

　　中国各地少数民族的基督教音乐，以西南云贵两省的傈僳族和大花苗尤为突出，傈僳族主要生活在云南省怒江傈僳族自治州的泸水县、福贡县和贡山独龙族怒族自治县境内，大花苗主要生活在贵州省毕节地区威宁彝族回族苗族自治县和赫章县、云南省楚雄彝族自治州禄劝彝族苗族自治县和昆明近郊县以及昭通地区。

　　其他民族的基督教音乐，如毗邻傈僳族地区的独龙族和怒族、毗邻大花苗地区的彝族、云南临沧和思茅地区的佤族和拉祜族、云南德宏地区的景颇族、云南西双版纳地区的傣族、青海和西藏自治区的藏族、内蒙古和新疆的蒙古族和维吾尔族、东北黑吉辽三省的朝鲜族以及台湾地区的排湾、阿美等各少数民族，除具备鲜明的民族音乐特色外，不少族群还拥有百年前传教士创造的文字和乐谱，至今仍在使用。这些少数民族的基督教文化逐渐成为今日人类学、民族学、宗教学和旅游业关注的热点。

　　无论是汉族城市、乡村还是少数民族地区，这些土洋融合的宗教音乐都让听者观者察觉到文化自身强大的平衡能力，这是通过自我调节展现变通、灵活和宽容的生存之道。那些曾经让人扼腕叹息以为逝去的文化遗产，在注入新的生命力之后，以更新重组的方式呈现转型。

第三章　傈僳族和苗族文字的创制与赞美诗的编译

第一节　傈僳文的创制

傈僳族的语言属汉藏语系藏缅语族彝语支，分怒江和禄劝两个方言。傈僳族的文字共有四种形式：产生于 20 世纪上半叶的三种语音符号和 1957 年新创的字母形式。旧时的三种语音符号中有两种是由西方传教士创制的，一是拉丁文大写字母及其倒写变体的语音符号，称老傈僳文；一是苗文字母的语音符号，称东傈僳文。第三种语音符号是由维西县农民汪忍波创造的音节符号，称竹书。1957 年云南省政府与中国科学院民族研究所联合，新创制拉丁字母形式的文字并正式推广，称新傈僳文。

一、老傈僳文的创制

历史上，很多少数民族只有语言没有文字，一些西方传教士在该地区传教的首要任务之一便是学习民族语言并为其创制文字形式，如傈僳族和苗族在历史上都是没有文字的民族，现通行文字主要由百年前的西方传教士等人创制。老傈僳文是目前使用频率最高的傈僳文，亦称西傈僳文、圣经傈僳文、传教士傈僳文或富能仁傈僳文等，英文为 Fraser Alphabet，它的出现是基于圣经的翻译和传播基督教的目的。20 世纪初期，基督教藉中国内地会组织传播到了怒江傈僳族地区，在该地区传教的外籍人员，首先需要先学习汉语和汉字，然后才能被派遣至传教区，接下来的传教工作还要从学习民族语言开始。

传教士富能仁学习傈僳语并萌发记录语言的经历片段，被他的女儿记载在《山雨》中：

> 富能仁一点傈僳话都不会说，更增添了一些喜气。他把他们（傈僳族，笔者按）发出的声音写在纸上，他们睁大眼睛，看得呆了。有人抱怨说："他把我们的话拿走了，我们就没有话可说了。"那天过去，富能仁按照字母顺序，记下四百多个词语。这种语言的把戏，使得村里的人很开心。他们对着会说话的纸，把腰都笑弯了。中国人向来都说，土人嘴里嘀嘀咕咕的东西是写不出来的……能仁加紧学习傈僳话，将各种词汇记下来，想发明一种他自己的拼法，用英文字母来代表不同的音节。在这件事情上，他发现儿童是他最好的老师。他们喜欢和他在一起，将语词和声调反覆地念给他听，好像从不感觉厌烦。（Eileen Crossman 1997：39，76）

传教士杨思慧和他的前妻伊丽莎白学习傈僳语的一些经历，被史富相记录在〈富能仁、巴东和杨思慧夫妇〉一文中。这段文字特别说明，他（她）们是如何发现傈僳语与希伯来语的共通之处，并用于文字和诗歌的翻译整理。

> 为了翻译《新约全书》，杨思慧夫妇决定学会全部傈僳语。不论遇到老人小孩，男人女人都用傈僳语对话，听不懂的词语一句也不放过，一问再问，然后用笔记下来，还特向民间艺人求教丰富多彩的词语词汇。那时在木城坡村有两个很会唱傈僳族调子曲的老妈妈，杨主动上门请老魏老妈妈唱傈僳调子，开始两位老人都很拘束，后来就壮着胆子唱了几天，杨思惠夫妇都一一做了记录。通过收集整理傈僳歌曲，杨思惠夫妇感到傈僳调中的语言对偶句式与《旧约全书》中'箴言录'和'大卫诗'的句式很相似，连打官司时也用对偶句来陈述和发问，这是最有特色的一种表达形式，是一种很珍贵的语言。杨思惠夫妇根据两位老人唱的对偶句式，修改整理了赞美诗歌集，还翻译完成了《旧约全书》中精选出来的一本小册子。（史富相 1997：218）

为了能使信徒读懂圣经，创制民族文字便成为头等大事。1915 年擅长英语和傈僳语的缅甸卡伦族牧师巴托（Sara Ba Thaw）受到在密支那传教时美国浸礼会牧师用英文字母给克钦族创制的一种拼音克钦文字中得到启发，根据傈僳语怒江方言的特点，首先初创罗马字母变体形式的傈僳文，他用自创的这种文字翻译了 50 首傈僳文赞美诗，1917 年将这个方案带给富能仁。（朱发德 2008：882）接下来，富能仁、杨思慧夫妇、杨志英夫妇等以及傈僳族信徒，一直致力于合作创制改进文字和翻译修订圣经等工作。1922 年富能仁等人在仰光为缅甸的英国政府出版了一本介绍傈僳族及其新创文字的 108 页的小手册。（Eileen Crossman1997：164-165）随着圣经翻译的步步推进，老傈僳文逐渐定型。这种文字拼写简单，简便易学，共有 40 个字母，其中 30 个辅音是拉丁字母的正反大写及颠倒形式，10 个原因是 6 个字母的正反形式。其字母编码规则如图：

图 3-1：老傈僳文字母编码规则

Consonants

B P Ԓ D T Ꞁ G K Ʞ J
[b] [p] [pʰ] [d] [t] [tʰ] [g] [k] [kʰ] [dʒ]

C Ɔ Z F Ⅎ M N L Я R
[tʃ] [tʃʰ] [dz] [ts] [tsʰ] [m] [n] [l] [s] [ɹ]

Ʋ X Ⴙ V H Ꞁ W Ɣ Я
[z] [ŋ] [h̃] [x] [ɦ] [f] [w/v] [ʃ] [i/i] [ɣ]

Vowels

A Ɐ E Ǝ I O U Ʌ Ɒ ꓷ
[ɑ] [ɛ] [e] [ø] [i] [ʊ] [u] [y] [ɯ] [ə]

Tone indication

F F. F. F. F. F. F. F' F_
[tsā] [tsā²] [tsâ²] [tsá] [tsā²] [tsâ] [tsǎ] [tsā̃] [tsāā]

如今，老傈僳文在傈僳族地区的通行程度很高，不限于宗教用途，而是具有广泛的基层民众基础，运用于日常生活的方方面面。1992 年鉴于老傈僳文的通行程度，该文被承认为傈僳文的正式书写系统。2010 年 6 月 8 日，我国唯一的傈僳文网站——中国怒江大峡谷网（www.nujiang.cn）在云南省怒江傈僳族自治州六库镇正式开通，该网站有汉文、英文、傈僳文和缅文四种版本。

二、其他傈僳文的创制

除了老傈僳文，还有三种形式的文字存在于傈僳族历史当中。

东傈僳文亦称格匡式拼音文字，20 世纪初由英籍传教士王慧仁根据禄劝和武定两地的方言，以武定滔谷村语音为基础，借鉴柏格理的老苗文形式创制。这种文字有 25 个元音和 30 个辅音，用大小字母加以区别标识。东傈僳文仅用于禄劝和武定两地傈僳族的宗教活动，范围有限。1912－1936 年东傈僳语的新约圣经单卷四本出版，1951 年全本新约译本出版。如今，滇中地区还流传有东傈僳文的赞美诗《颂主诗歌》。

竹书是一种表音节文字，20 世纪 20－30 年代由维西傈僳族村民哇忍波根据汉字创制。竹书共有 1240 余字，有点、横、竖、撇、捺、折、钩、曲、弧、圈等 10 种基本笔画。哇忍波把这些文字刻在竹子上，因此称之竹书。这种文字适用范围极其狭窄，目前已面临失传。

新傈僳文是新中国成立后，云南省政府与中国科学院共同创制的以拉丁字母为基础的新文字。为了帮助没有文字以及文字不完备的少数民族，1951 年国务院颁布《关于民族事务的几项决定》以发展民族语言事务。1952－1964 年，经过实地考察和研究研究，新傈僳文字的方案正式通过。20 世纪 80－90 年代，国家大力推广新傈僳文的通行，开展傈僳和汉语的双语教学，出版发行书籍报刊，为广大乡村民众扫盲。目前，老傈僳文在使用和通行程度上远高于新傈僳文，新老文字被交替使用在傈僳族地区。

第二节　傈僳文圣经和赞美诗

圣经又称《新旧约全书》，共 66 卷，分为 39 卷旧约和 27 卷新约，旧约也是犹太教的经书。对于初识教理者，教会的传统是从新约的马可、马太、路加、约翰四卷福音书入手，通常也会加上旧约的 155 篇《诗篇》，因此翻译圣经的工作之初也是从这些篇章开始，最后是新约和旧约的余卷。

一、27 卷新约圣经的翻译和出版

富能仁和巴东在认识之初，就已经着手傈僳文新约圣经的翻译工作。缅甸、泰国与云南交界的地区村落，特别是缅甸密支那成为工作进行的重要地点，同时更多的西方传教士以及两国的傈僳族牧师也参与到该项目中，书籍的印刷主要在缅甸仰光进行。随后到达在怒江的西方传教士们陆续参与了傈僳文新约圣经的翻译，这行工作虽然进展缓慢，但每译完一分卷，人们不久就会见到该单行本的印刷出版。参与翻译的怒江地区内地会传教士有加拿大

籍传教士高漫（Carl Grant Gowman，1886－1930）、杨思慧夫妇、杨志英夫妇、孔牧师夫妇以及诸多不知名的外籍传教士和傈僳族牧师信徒等。高漫夫妇和杨思慧夫妇同在木城坡宣教站工作，他们曾向傈僳族、彝族、黄拉祜族和黑拉祜族等少数民族传福音，1927 年夏高漫将《马可福音》译成傈僳文，1928 年底杨思慧夫妇合著的《旧约圣经故事》出版。至 1929 年初，加上《约翰福音》、《马可福音》、《基要真理》，以及《诗歌》和《圣诗 50 首》，他们已为傈僳族教会编译出五本圣经、诗歌和福音书籍。（李亚丁@www.bdcconline.net/zh-hans/stories/by-person/g/gao-man.php）

　　于中旻在〈Allyn Cooke 傈僳杨智敬〉，一文中记录了杨思慧夫妇（即杨智敬夫妇）于 1932 年完成傈僳文新约圣经的翻译，并在缅甸出版印刷，然后运到怒江的寨子中，傈僳族信徒开大会庆祝感恩的过程，（于中旻@www.aboutbible.net/Ab/C.08.13.AllynCooke.html）

　　但诸如此类的记录大多都是零星散碎的史料片段。关于新约圣经的全部翻译过程，在原碧江县傈僳族牧师约秀的回忆中，被简约地概括下来，这是目前所知最具体的相关史料。约秀本人曾在杨思慧牧师家中作了 8 年的佣人，并由富能仁提拔为传道员，在教会中担任领唱赞美诗和讲解圣经的工作，后跟随杨思慧在中缅泰三国交界的巴那村参与圣经翻译工作。经他回忆口述的〈二十七本傈僳文圣经书的翻译经过〉一文，简述了傈僳文新约圣经的翻译过程：

> 　　傅能仁和阿一单（杨思慧）组织了一批民族教士，把英文圣经翻译成傈僳文圣经。当时参加翻译的人有：缅甸同克钦邦八莫人，克伦族教士巴夺；龙陵县木城坡人，傈僳族教士摩星；盈江县兴塘人，傈僳族教士汪吾用必等。翻译傈僳文圣经的工作，在龙陵县茂地城坡教会进行。一共翻译了《马可》、《路加》、《约翰》、《信徒》、《罗马》等 5 本圣经书，翻译完成后由阿一单把翻译稿带去山东省烟台市，印刷成单行本出版。在这以前，不知何时何人翻译出版过《马太》福音等十本傈僳文圣经书。1931 年，阿一单来到里吾底教会，第二年，阿一单又继续主持翻译 12 本圣经书。当时，除原有参加翻译的人员外，增加了外国教士阿子单（女），他们在翻译过程中配合得很紧密，整整花了 5 年的时间，到 1936 年才完成。对 27 本傈僳文圣经翻译稿的审定者是傅能仁……我从 1935 年起，参加了翻

译圣经的后勤工作，主要是为翻译人员做服务工作，并参加了打印稿件。由于翻译的稿件多，最后商议决定，去西双版纳打印初稿本。当时去西双版纳教会的工作人员有：阿一单（外国传教士）、阿子单（阿一单之妻、籍贯同上）、约秀（原碧江县维格人）、纳塔尼（福贡县用扩底人）、何拇（沪水县人）何拇妹妹（同上）。到达西双版纳后，纳塔尼和何拇的妹妹，做后勤服务工作。我是直接参加了打印初稿本，我打印了《提摩太前书》和《提摩太后书》两本翻译稿。打字纸是用从缅甸进口的粉红纸。第一稿本打好后，又由阿一单一个人用白打字纸重新打印了一次，最后，由阿一单一人带去上海出版。这就是今日傈僳族教会中所使用的二十七本《新约全书》合订本。（朱发德 2008：151-152）

傈僳新约圣经出版后，由于战争原因和运输困难无法大批量运到怒江，但缺乏教材的傈僳族雨季短期圣经学校仍在继续开办。1947 年傈僳文新约圣经终于到达傈僳族信徒的手中，同年少数民族语言印刷厂也在昆明启用。（于中旻@aboutbible.net/Ab/C.08.13.AllynCooke.html）

二、39 卷旧约圣经的翻译和全本圣经的出版

新约圣经翻译完毕后，旧约圣经的翻译工作即刻提上日程。此时已是 20 世纪 40 年代末，中国的政治时局发生了巨大变革，这项工作也出现了转变和波折。自富能仁逝世后，接替他完成旧约圣经翻译工作的是杨思慧牧师和一位孔姓牧师，之前旧约《诗篇》和《创世纪》单本已翻译出来，1949 年之后所有外籍传教士被驱逐出境，这项工作变得十分艰难。此时莫约瑟牧师和傈僳族牧师司提反加入了工作组，工作地点被迁至泰国，傈僳族约毕牧师和恰当牧师被派往泰国协助工作，至 1958 年 11 月旧约圣经全部翻译完毕。（朱发德 2008：244-245）

在泰国的翻译工作完成后，杨思慧便与翻译组进行了长达两年的审阅修订工作。校对全本 66 卷的工作从 1962 年开始，主要在缅甸密支那进行，邀请了中缅不同地区方言各异的 12 位傈僳族牧师，目的是为了使各地傈僳族信徒都可以读懂圣经，资金费用由各教会和信徒奉献。圣经公会还派了一位专家，每月从仰光前来指导校对组的工作。校对工作由于方言的差异，进展得并不顺利，杨思慧和孔牧师也一同参与工作。校对出来的稿件由孔牧师的师

母打印出来，并编成串珠版。1963 年 6 月 25 日，全本 66 卷傈僳文圣经在缅甸腊施底举行了首发仪式。已在加拿大草堂圣经学院教书的杨思慧接受了最后的审定工作，1967 年终审稿寄到香港，圣公会负责印制，至 1968 年傈僳文圣经正式出版。而直至 20 世纪 80－90 年代左右，全本傈僳文圣经才正式来到怒江傈僳族信徒的手中。傈僳文圣经的翻译和出版从 20 世纪初持续到该世纪末，目前它已成为傈僳文普及最重要的工具书籍。每逢一、三、六、日，傈僳族的男女信徒就会跨上一个内装一本傈僳文圣经和一本傈僳文赞美诗的民族小包，前往教堂做礼拜，这个场景令见者难以忘怀。

三、傈僳文赞美诗的编译和出版

缅甸克伦族牧师巴东在和富能仁研制傈僳文的同时，首先翻译了 MIMI 傈僳文版《圣经知识问答》，并于 1919 年在仰光的全缅甸浸礼会总部印刷出版。该书内含巴东翻译的 50 首傈僳文赞美诗的部分歌曲。他们二人合作翻译新约圣经和教理书籍，也翻译了很多英文赞美诗。杨思慧是傈僳文赞美诗编译的主要工作者，他把四声部赞美诗翻译成傈僳文，并把五线谱改编成特殊的傈僳简谱，傈僳语称为"瓦枯木刮"（Wat Ku Mo Gw），它的演唱效果与常用简谱相同。这种谱式与常用简谱的区别是节奏速度、表情符号等记谱方式有所不同，主要是将常用简谱的音符时值增加一倍，以及高低音记谱的特殊标记。

1927 年杨思慧夫妇在审定完四福音书和翻译完《使徒行传》后，从多本外文赞美诗集中选编了一本傈僳文赞美诗。随后带上书稿，从怒江步行至缅甸腊戌，再坐汽车至曼德里，改乘火车至仰光，坐轮船经新加坡到上海，最后达到山东烟台。在那里，杨思慧夫妇将傈僳文新约四福音书、《使徒行传》和单行本赞美诗进行排版和校对，花费一年时间将这些印刷出来。（朱发德 2008：887-888）1932 年第一本印刷出版的傈僳文赞美诗运送到了怒江傈僳族信徒的手中，全书共有 300 首歌曲。（于中旻@aboutbible.net/Ab/C.08.13.Allyn Cooke.html）

傈僳文赞美诗的工作仍在继续，至 20 世纪 40 年代，集合杨思慧夫妇近十年时间编译的 290 首傈僳文赞美诗集《颂主圣歌》出版。史富相在〈富能仁、巴东和杨思慧夫妇〉一文中，简括了该诗集的选编来源：

> 其中从书名代号为"ＳＳＳ"歌本中选择了 145 首，"FAV.HYMNS"一书中选择了 44 首，"THANKS"一书中选择了

15 首，中华基督教歌本中选择了 14 首，"STAND SONGS"一书中选择了 14 首，"WNED"一书中选择了 11 首，"METH"一书中选择了 10 首，"HYMNAL"一书中选择了 5 首。其内有苏格兰民歌曲调，也有美国民歌曲调，其他方面还选择了十多首，德国大音乐家亨德尔的四部大合唱《哈利路亚》等世界名曲翻译成傈僳歌曲的共有四、五首。（史富相 1997：228）

该诗集包含的世界名曲还有《平安夜》、贝多芬的《欢乐颂》、马勒的《大地之歌》、苏格兰民歌《友谊地久天长》、加拿大民歌《红河谷》，除了翻译的英文赞美诗外，歌集还有一些自创的内容。例如，在摩西病危前为纪念他而编写的一首赞美诗《主耶稣我的道》，摩西是全程参与文字创制与翻译过程的傈僳族信徒，也是杨思慧夫妇最得力的助手。（朱发德 2008：58）

1932 年信教的怒江泸水县傈僳族农民祝发清，于 1937 年到腾冲的瑞典国神召会圣道学院学习系统神学知识，其中英文、音乐、五线谱、风琴和乐理知识等课程都是必修内容。毕业后，他受麻栗坪毕牧师、贺牧师和杨志英妻子的委托，参与旧约圣经《撒母耳记》上下、《列王记》上下和《士师记》部分章节以及赞美诗的翻译工作。他在〈历史的回顾〉一文中，讲述开始人们以为他不会五线谱，只让他翻译歌词，但祝发清竟将词曲全部翻译出来。1945 年他帮助杨思慧翻译《诗篇》以及一首傈僳文赞美诗，经审稿后采用，现为傈僳文版《赞美诗》第 124 首。（朱发德 2008：268）

以西方传教士为主导的翻译工作进展得较为顺利，这得益于富能仁和杨思慧夫妇等人深谙傈僳文的特长。

> 傈僳族民间诗歌演唱风格上保存着独特傈僳族唱法，并比较讲求韵律的节奏和整齐的对仗。一般以七言四句为基础，对词性、词义、句式、节奏都特别强调，要有一定的对仗。原则上要求名词对名词，动词对动词、形容词对形容词，不能有差错，而且它们都有一定的规律可寻。以上这些规律傅能仁、杨思惠夫妇都会，并且在教义上规定基督徒不能唱歌跳舞。翻开现在傈僳族教会日常使用的傈僳文赞美诗 319 首的 4、13、33、39、53、68、72、80、100。127、13、140、148、154、155、167、190、2O6、208、241、257、258 共计 22 首均依照傈僳族民间诗歌的风格、特色、句式翻译而来的。（朱发德 2008：842）

祝发清在〈西方传教士搜集和学习傈僳族民间诗歌〉一文中，记录了杨思慧夫妇是如何学习傈僳文语言和诗歌的故事，这段难得的口述历史成为西方传教士田野工作的宝贵记录：

> 镇康、耿马县的传道员曾告诉我说："杨思惠夫妇在镇康、耿马县傈僳族地区传教时，他们在傈僳族教会内暗暗寻找了歌手和民间诗人并向他们记录了不少的民间诗歌。他们记录时为了不让别人知道，采取杨思惠（阿依大）记录男歌手，阿子大记录女歌手，并且把门锁起来，连送饭都是他们自己送。记录下来的傈僳族诗歌他们使用打字机打出来装订成册，作为他们研究学习傈僳族语言的基本读本。有一次，在昆明时约秀牧师讲述了这么一件事：在里吾底他帮杨恩惠家煮饭时。有一次，杨恩惠的夫人阿子大突然冲进厨房里，并把手里拿着的一本书丢在桌上就去了厕所。约秀牧师迅速的翻了一下那本书。他很惊奇那是一本油印的傈僳族民间诗歌。过了一会儿，阿子大进来厨房时问约秀有没有偷看桌子上的书，约秀回答没有，她才放心笑咪咪的离去。他们搜集研究傈僳族诗歌，并把他们学会后，把英文《赞美诗》翻译成傈僳文时用傈僳族诗歌的风格、特色、句式、对仗的形式进行翻译印刷。这很能吸引年青的信徒到教堂。他们对教徒们不能唱歌、弹三弦、吹笛子不是很能理解，难以理解。

祝发清本人也翻译了一些赞美诗，但多数没有交付杨思慧牧师出版，仅在傈僳族教会地区传唱，他翻译的赞美诗共有 6 首被《颂主圣歌》采用：

1、天使预言耶稣降生歌（傈僳文赞美诗 7，1941 年译谱及编写词（从以赛亚书 9∶6）。

2、《万古磐石歌》的长谱，新编傈僳族赞美诗（11），1940 年译，麻栗坪培训班学员用。

3、《我家在天》，傈僳文赞美诗（XE、C7.DU）40 首，在缅甸印刷，1940 年译，可能从怒江传到缅甸。

4、《求主教助歌》傈僳文赞美诗 229 首，1940 年麻栗坪翻译。

5、《到我这里来》傈僳文赞美诗 124 首，1945 年大理翻译。

6、《在主的爱心里快乐》傈僳文赞美诗 193 首，1940 年麻栗坪翻译。（朱发德 2008∶842-844）

　　由于先前印刷出版的数量有限，赞美诗的需求量一直很大。1947 年服务于贡山基督教会的美国牧师莫尔斯在回国休假期间，与杨思慧修编了傈僳文赞美诗，并印刷了一万册，用木箱打包装箱运至香港，再租用一架飞机空运到昆明，最后寻找马帮运入怒江，最终将傈僳文赞美诗全部发到了信徒手中。（朱发德 2008：907）

　　经过了近 50 年的停滞，至 1994 年，傈僳文赞美诗的修订工作被提上日程。这是一次没有西方传教士的参与，由全体傈僳族信众自行参与的历程，祝发清与贡山县基督教负责人耶西马扒、福贡县提多主席、普基夺马扒和泸水县褚彼得共同参与编译傈僳文《赞美诗》事宜。

　　　　我们翻了汉文《赞美诗》中选出傈僳文《赞美诗》中没有的 50
　　首先翻。耶西马扒翻译了十首左右，而 50 首的五线谱只有我一个人
　　负责了。每天早晨五时我就起床翻译，翻出来后大家共同进行讨论
　　决定，而且翻出来的每一首赞美诗都经过四声部的试唱，大家认为
　　比较好听的才录用，并用傈僳文打字机打印出来准备出版。我们一
　　共选择了 269 首，但这件事还没有结束，他们就回去了。后来他们
　　在福贡县又集中修订了一次，然后拿到保山以怒江傈僳族自治州基
　　督教两会的名义出版了这本《赞美诗》。我还叫罗德顺牧师把《赞美
　　诗》和在昆明我们进行的工作照片寄给了中国基督教两会，但是他
　　们没有收到。这本《赞美诗》的出版，从翻译、修改讨论、打字、
　　试唱除了耶西马扒等四人外，我爱人从泸水回来后也加入了我们的
　　工作。（朱发德 2008：272-273）

　　新版的傈僳文赞美诗目前已成为怒江傈僳族全体信徒歌唱的标准版本，之后又多次印刷和出版。如今，装在绣花包里的一本傈僳文圣经和一本赞美诗，已成为傈僳族信徒的典型标志，更是怒江州一道独特的风景线。

第三节　苗文的创制

　　历史上苗族是一个有语言无文字的民族，苗语有三大方言，七个次方言和十八种土语。1903 年英籍传教士党居仁和一些苗族信徒创制了罗马拼音字母的花苗文，但未普及。1905 年英籍传教士柏格理在贵州石门坎地区向花苗和彝族民众传教时，与苗族教师杨雅各、张约翰、王道元和汉族教师李司提

文、钟焕然一起，基于石门坎苗语语音，以拉丁字母为主和服饰上的古老苗文符号为辅，创制了一种拼音文字，称"坡拉字母花苗文"（俗称老苗文），后被数次改革修订。1928 年内地会传教士胡致中研制了一种黔东南汉语拼音字母的黑苗文，称"胡托苗文"，其影响力最小。1957 年滇东北次方言的苗族语言学者进一步将老苗文改进，以昆明、楚雄两地语音为标音，称"规范苗文"。1956 年中央民院和中科院组织专家同苗族知识分子，以国际音标为记录，创造了拉丁字母苗文（俗称新苗文）。现存刊印发行的苗文圣经、赞美诗和教义书籍等使用的是老苗文及改进版文字，直到今日老苗文的普及程度仍高于新苗文。新老两种苗文的发展都不完善，使用起来容易混淆，而年轻人更熟悉的是汉字和汉文化，因此苗文的未来发展之路任重道远。

老苗文字母表如下：

图 3-2：老苗文字母编码规则

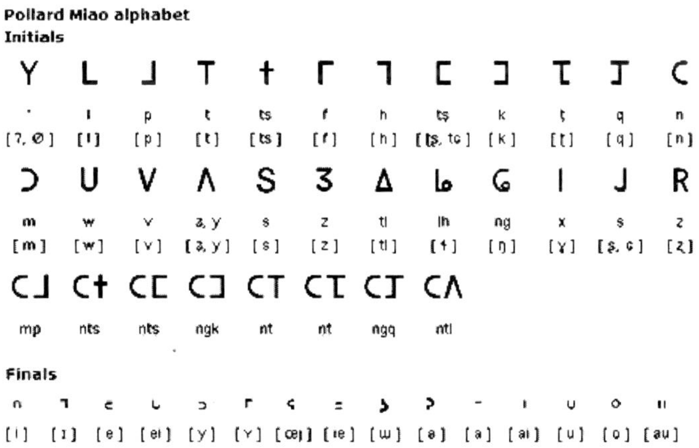

一、老苗文的创制

关于老苗文的创制，学界存在三种说法：一为柏格理创制说，即柏格理本人受到某些经验的启发和灵感而创制。二为共同创制说，即柏格理与苗族、汉族教师等人基于石门坎苗语语音，以拉丁字母为主、苗族妇女绣花图案服饰上的古老苗文符号为辅创制的"坡拉苗文"。三为苗人张岳汉创制说，该观点由时任国民政府中央政治大学讲师的王建光记述，发表于〈苗民的文字〉一文（《边声月刊》1938 年第一卷第三期），学者岑家梧在 1939 年的〈嵩明花苗调查〉一文中也引用了此观点。（王建光@shimenkan.org/info/mw/

#07）今日关于老苗文创制者的争议依然存在，但共同创制说被认为是较全面及基本定论的说法。1994 年版贵州《威宁县志》关于老苗文的创制说解释如下：

> 柏格理同传道员汉族李司提反、钟焕然，苗族张约翰、杨雅各、王道元合作，研究苗语的音位，参考汉字笔画和苗族衣裙的花纹图案，创造苗文声母，用拉丁字母作韵母，一个声母和一个韵母拼成为一个音节。声母 21，韵母 12（30 年代增为声母 30，韵母 31），写作时以韵母位置的高低表示"平、上、去、入"四个声调。（贵州省威宁彝族回族苗族自治县志编纂委员会 1994：503）

从史料及后人的评论来看，柏格理无疑是苗文创制的灵魂人物。他在日记《苗族纪实》中提到苗族没有文字的现实以及对西方人来说最头疼的声调问题，并总结了苗语的发音特点，提及将语言转换为文字的过程中声调是西人特别头疼的问题，而针对苗人不愿学习的情况，创制一套绝对语音化与容易理解尽可能简单化的文字体系是解决难题的方法。（柏格理等 2002：157-158）1904 年柏格理首先尝试用英语的元音和辅音去配苗语的发音，并试图使用党居仁创造的罗马拼音文字苗文，但没有成功。1905 年经多人商讨的最初苗文定制方案确定，要求是能表达苗语发音规律，每字笔划不超过六画，易学易懂。

> ……选用据说是由苗族祖先则嘎老、娥赞时代创造出来，保存在苗族礼服上的"＋"图案和裙子上的"V"形图案作为苗文声母，选用部分拉丁字母作为韵母。和汉语相似，苗族语言是用单音节短词表达的，因此每个字都能用一个大字母即声母和一个小字母即韵母拼写而成。声母和韵母的问题解决了，下一个难题是怎样在书写的苗文中标识出声调的高低。柏格理为此苦苦探索了很长一段时间。最后还是他初来中国时学习汉语的经历帮助他解决了问题。原来外国人在学汉语时，最头疼的就是相同的字有不同的声调。外国学生往往把小小的数字，写在长方形汉字的特定的一个角上，来表示这个汉字应该读几声。受此启发，柏格理决定苗文先写大写声母，把韵母小写，放在声母的后面，以韵母在声母旁边所处的不同位置标示声调的高低。（阿信 2009：163-165）

老苗文一经创制，立即被投入到翻译圣经的工作中，并在创制初期的 1905

年就出版了《苗语基础课本》等书籍。随着圣经新约分卷的陆续出版，修订和改革文字的工作也在持续。柏格理去世后，1932 年英籍传教士王树德和苗族信徒杨荣新等人重译新约圣经全卷，并研制文字改革方案。1940 年云南武定苗族传教士王志明等人改进老苗文，在浊音字母上方附一个小圈点，以趋完善。1949 年英籍传教士张继乔和苗族信徒杨荣新、王明基等人再次改革老苗文。20 世纪 50 年代新苗文创制和老苗文改革的工作同时进行。20 世纪 60－70 年代苗文相关工作中断，大量老苗文书籍被焚毁。20 世纪 80 年代云南楚雄州组织改进滇东北老苗文，使语音方面更加准确。2001 年英籍苗学研究者张继乔和张绍乔兄弟在因特网公布老苗文和英文对照的《中国西部苗族古歌故事、民俗选》，共有 800 多页、160 多首，是迄今为止数量多、内容最广的苗族文学资料集。

老苗文的创制为花苗社会带来了翻天覆地的变化，关于这一课题已有诸多的研究成果，此处不详谈。对普通花苗百姓而言，文字带来的好处是多而又多：

> 老苗文笔画简单，易记易写，便于编写歌曲，写信记账，苗族人民很高兴，学习情绪也就高涨起来。不须多少时间就能掌握运用了。三四十年代这种文字在滇东北、黔西北一带苗族人民中是较为普及的。也出现了读书热、求进步心切的好风气，不管家境怎么穷，都争取送子女入学，有子女在学校读书的人家，都感到光荣。不用说读好书成了有知识的人，那就是受到社会尊敬的人了；由于读书风气热，有许多青年争取到外地去求学，姑娘们也愿意嫁个读书人。这时到成都、重庆、南京、昆明、贵阳读书的人越来越多。（杨忠德 1984：108-109）

老苗文具有强大的自我复制和扩张力量，它影响的范围远不止花苗这一民族。云南禄劝地区的彝族和傈僳族信徒使用老苗文设计彝文和傈僳文，被称为"柏格理彝文"和"柏格理傈僳文"。"柏格理傈僳文"即前文提及的东傈僳文，由澳大利亚籍传教士王怀仁根据老苗文创制，至今还流传于云南禄劝和武定一带。"柏格理彝文"也称黑彝文，是澳大利亚籍传教士张尔昌根据老苗文创制的记录彝语东部方言的彝族拼音文字。除此之外，1913 年出版的柯波语《马可福音》、1932 年出版的纳西语《马可福音》以及川苗语、喇家语等版本的圣经都是老苗文变体系列的译本。

二、其他苗文的创制

最早的苗文是党居仁创制的罗马拼音字母苗文。用罗马拼音字母翻译圣经是一种由来已久的作法，19 世纪中叶出现的潮州、闽南、温州、上海话等各类方言圣经就是采用这种方法翻译的。1903 年党居仁和张雅各、张马可等苗族信徒尝试创制苗文，但因苗人学习起来十分吃力而无法推广。至 1905 年基督教在苗族教会迅猛发展起来，党居仁便在安顺举办了罗马文培训班，同时还翻译了一些圣经节选小册子和赞美诗供教会使用，周村各苗寨很快掀起了学习罗马拼音字母苗文的热潮。1910 年党居仁用罗马拼音字母翻译出版了苗语新约圣经《马可福音》分卷译本，此后又陆续翻译出版了其他分卷。由于这种苗文并不是根据苗语的规律创制的，因此苗人的学习效果并不理想，流传地区也仅限于党居仁传教的贵州安顺内地会苗族教会，如今已无人使用。

汉语拼音字母苗文是内地会传教士胡致中（M. H. Hutton）为黑苗教会创制的，亦称"胡托苗文"。汉语拼音字在民国初年由语言学家王照发明，经北洋政府和国民政府大力推广至全国的扫盲运动中。汉语拼音字翻译圣经的方法雷同于罗马拼音字母翻译法，是用汉语拼音代替拉丁文字母表达翻译语言的音节。1928 年在黔东南旁海一带黑苗支系传教的胡致中翻译出版了胡托苗文版的《马可福音》，后陆续出版几部分卷译本。在贵州安顺居住了 20 多年的内地会传教士塞缪尔·克拉克在他 1911 年出版的《在中国的西南部落中》一书中提到，他与内地会黑苗同事潘秀山夫妇学习黑苗语言，并协助向苗民传教。塞缪尔提及苗语支系之间的巨大差异，在学习三四个月的黑苗语言的同时，他们还做了一些事，如"为学习这一方言编了一本入门读本，同时着手编纂苗英和英苗词典，此外用黑苗语言还翻译了一本《教义问答手册》和一些介绍基督教的小册子、几首赞美诗。"（塞缪尔·克拉克 2009：68）或许这些书籍为后来胡致中创制的胡托苗文有所帮助。

新苗文 20 世纪 50 年代由国家致力推广传播，1956－1958 年石门坎苗族学者参与了国家苗族语言文字的研讨，创制新苗文和改革老苗文，并编辑了《滇东北次方言苗语词典》，同时新苗文实验班在石门坎地区推广。文革的政治风波使苗文的发展中断了二十年，20 世纪 80 年代当地政府曾举办过数期苗文培训班，但新苗文没有生存土壤难以推广传播，村民便自主选择了更简单的老苗文。现在，苗汉双语教学的传统已被丢弃，而对苗语教学的无视状态，使得原本曾在当地占据教育领军地位的威宁苗族滑坡成教育落后的民族。

第四节　苗文圣经和赞美诗

一、苗文圣经的翻译与出版

　　1905 年柏格理用新创的苗文翻译出版了《教义问答》小册子，内容包括旧约摩西十诫经文、主祷文和几首赞美诗，由成都华英书局木刻印刷出版，这是第一本苗文基督教书籍。1906 年柏格理和苗族传教士杨雅各共同翻译新约《马可福音》分卷，次年出版。接下来近十年时间，新约各分卷陆续翻译出版，直至 1917 年新约圣经全译本翻译出版完成。据不完全统计，柏格理等人创制的坡拉老苗文版圣经译本，约有如下版本：1907 年版花苗语木刻印刷《马可福音》分卷译本，由柏格理与花苗信徒李司提反、杨雅各等翻译。该译本 1904 年由英国圣经公会在四川成都设立的出版机构发行，印刷地点是华英书局。1908 年版花苗语照像石印版《约翰福音》分卷译本，由柏格理等翻译，成都华英书局印行用。1910 年版花苗语《马可福音》分卷译本，该译本由柏格理得到总部资助定制的一套苗文活字印刷，由 1907 年版修订，在日本横滨印刷。1912 年版花苗语《马太福音》分卷译本，由郭秀峰翻译，柏格理和张道惠校订，在日本横滨印刷。1915 年版花苗语《使徒行传》分卷译本，柏格理、郭秀峰等翻译，在日本横滨印刷。1917 年版花苗语新约圣经全译本，此时柏格理已逝世，李司提反、杨雅各和王树德等续译，并于日本横滨历时半午付印，首批印刷 885 本，运抵回国时逢军阀混战，辗转多地才终抵云南。1936 年版花苗语新约圣经全译本，王树德、杨荣新等重译，系 1917 年版修订本，加入了彩色圣经地图，印刷于上海圣公会，此版本 20 世纪 80 年代之后多次再版，在民间广为流传。1938 年版花苗语新约全书全译本，在武汉再版。1949 年苗族牧师王志明编写花苗语《旧约摘录》，于由昆明内地会印刷厂付印 1000 册。

　　党居仁创制的罗马拼音文字花苗圣经译本，约有如下版本：1910 年版花苗语《马可福音》分卷译本，1910 年版花苗语《约翰一书》、《约翰二书》、《约翰三书》分卷译本，和 1911 年版花苗语《马太福音》、《约翰福音》、《罗马书》与《加拉太书》合编本三种分卷译本，均由党居仁翻译，浙江台州的苏格兰圣经公会出版发行。这些译本传播于贵州安顺地区的苗族教会，其中以花苗支系为绝大多数，少部分属水西苗（川苗）支系。

胡致中为黑苗创制的胡托苗文出版的新约圣经译本，约有如下版本：1928年版《马太福音》分卷译本，1932年版《马太福音》（修订本）、《马可福音》、《路加福音》、《约翰福音》、《使徒行传》分卷译本，均由胡致中翻译，苗族教师杨宽一和部分黑苗信徒协助。这些译本由英国圣经公会出版发行，印刷于山东烟台。1934年版黑苗语新约圣经全译本，英国圣经公会出版发行，印刷于上海。1935年版黑苗语《罗马书》分卷译本英国圣经公会出版发行，印刷于山东烟台。

川苗是居住在四川和邻近贵州边境内的苗族一支系，1922年循道公会传教士张道惠用老苗文翻译出版了第一本川苗语《马可福音》分卷译本。1938年该译本的修订本由美国圣经公会出版发行，印刷于上海。

喇家人（Laka）是苗族的一支，主要居住于滇北武定、禄劝一带。1912年内地会牧师郭秀峰与张尔昌用老苗文翻译出版了第一本喇家苗语的《马可福音》分卷译本，由英国圣经公会出版发行，在日本横滨印刷。1936年喇家苗语《约翰福音》分卷译本，由内地会传教士宾克用老苗文翻译出版，英国圣经公会出版发行，印刷于日本横滨。

苗文的创制和圣经的出版对地位极其低下的花苗群众意义巨大，恩格斯称马丁·路德翻译的德语圣经赋予了平民运动一个强有力的武器，同样苗文圣经也赋予了西部苗族平民思想武器的作用。（东人达 2004：309）

二、苗文赞美诗的编译与出版

最早出版的苗文赞美诗是1905年成都华英书局印刷的苗文《教义问答》小册子中附录的几首，这本书国内难觅踪迹，现藏于美国耶鲁大学图书馆。最初柏格理还编写了一些简单的苗语赞美诗，汉族传道员李司提反也帮助编写了许多适合苗人的赞美诗，这些都不是翻译的作品，而是自创将圣经从《创世纪》到四福音书的内容大意用诗歌形式作说明，不过使用的是汉文。（古宝娟等 2010：54）这些赞美诗用的是何种曲调，我们不得而知。但从柏格理等人的日记来看，用本民族传统曲调创作和演唱赞美诗，在创教初期较为常见。

苗文赞美诗集的主要翻译者是苗族传教士杨荣新，1930年上海英国圣公会出版了他翻译的《圣主赞歌》以及修订版的苗文新约全译本。1940年在云南武定洒普山供职的苗族传教士王志明，用其改进的苗文重译赞美诗集《颂主圣歌》。此后苗文文字的出版事工主要由云南三育研究社的印刷厂承担，苗文的翻译和编辑工作由毕业于石门坎光华高小的苗族信徒韩杰负责。云南三育研究社由基督教复临安息日会 1942 年在安宁创办，以教义教规历史为灵育、以文化知识为智育、以农场缝纫奶场和印刷四个生产部门为体育，称为"三育"。韩杰因 1929 年初印刷苗文赞美诗经费等所需改入了复临安息日会，并成为该会在苗族地区的创始人之一。1942 年 9 月－1952 年 10 月期间，韩杰在云南三育研究社负责苗文圣经和赞美诗的编辑与翻译工作，共有 12 族苗族信徒参与全部的出版事宜。该印刷厂出版了 32 开的苗文《圣道纲要》和《使徒行传》各 1000 册，《颂赞诗歌》2500 册，后增印《圣道纲要》1000 册，《颂赞诗歌》第 3 版 4000 册，并复印了寻甸县柿花箐王宏道收集整理的唯一的《苗族古诗》32 开本 1000 册，全部采用美籍牧师从上海购买的苗文铅字两副四号印刷。（韩朝美@3miao.net/14306/viewspace-57159.html）

三、苗文歌曲的翻译与创作

　　柏格理等人创制出苗文以石门坎为基地开办教育，培养出了第一代受教育的苗民。由于教育带来的社会地位和个人见识的变化，引发了苗民用苗文创作的热情。20 世纪上半叶石门坎地区流传有三种类型的苗文歌曲：一是教堂传统赞美诗，一是苗族古歌，一是苗民自行翻译和创作的社会歌曲。石门坎的老教师们将同时代的革命进步歌曲陆续翻译成苗文，同时用苗文创作歌曲以教育民众。曾在石门学校任教的花苗教师朱启孝、朱焕章、韩正明等人，都翻译和创作了一些苗文励学歌和励志歌等。

　　　　石门坎学校老教师朱启孝，创作了 1 首苗文歌曲，其大意是：昭通、威宁妖魔鬼怪（指地主恶霸），百姓遭其鱼肉而冤情无处申诉，惟有团结一致，才能把这些妖魔鬼怪打翻在地。朱启孝老师用苗文作了 1 首拉壮丁的惨状歌，大意是：臂捆绳索、腿挨枪托捶，回首盼妻儿，两眼泪汪汪。朱焕章从华西大学毕业回到石门坎后，看到苗族群众文化水平低，任人欺凌，痛心疾首，因而作了 1 首唤醒苗族同胞的苗文歌曲。韩正明老师创作了 1 首劝苗族妇女读书的歌，大意是：苗族妇女心灵手巧，花衣花裙更妖娆，可惜她们读书的人很少，半边天的任务承担不了！杨荣新老师等人，将《流亡三部曲》、《开路先锋》、《在太行山上》、《到敌人后方去》等抗日歌曲翻译成苗文，这些歌曲在苗族同胞中广为流传，大大激发了他们的爱国热情，也促使他们冲破不敌意识的桎梏。（杨忠德 1984：108）

解放战争时期和建国初期，共产党员、威宁游击团张斐然、朱晓光等苗族同志，翻译了不少革命歌曲和土改歌曲，以迎接解放和土地改革运动，很受苗族群众的欢迎。（东人达 2004：310）

为了发掘和保护苗族传统文化，20 世纪 20－50 年代左右，花苗学者着手搜集和整理苗族古歌，并首次将口头流传千年的民间文学用文字记录下来。1932 年由杨久新、王明基、吴忠烈等搜集整理的苗文《苗族古歌 28 首》油印出版，1952 年由王明基、杨荣新等搜集整理的苗文《苗族巫文化与祭祀》油印出版。（东人达 2004：311）接下来的 50 年间，曾在花苗地区传教的英籍牧师张道惠之子张绍乔和张继乔兄弟二人，将自己的余生贡献给了苗学研究事业，他们在英国南汉普顿大学的支持下，开发成功苗文打字软件，并将苗族学者搜集的 160 余首苗族古歌整理打印成册，完成了老苗文和英文对照本《中国西部苗族古歌古诗选》3 集，2001 年公布于因特网。（东人达 2004：302）

2000 年由杨忠信和杨亚东主编，贵州省民族宗教事务委员会民族语文办公室和威宁彝族回族苗族自治县民族事务局等编的《(滇东北次方言) 苗族歌曲选编》出版发行。该歌集搜集的歌曲有部分古歌、民间歌谣以及 20 世纪上半叶翻译和创作的苗文歌曲等内容，共分为历史叙事、艰难历程、自尊自强、唤醒民众、怀古颂今、民俗风情、乐器曲调和翻译歌曲等八大类，其内容涵盖面积较广、时间跨度较大，歌曲用简谱记谱，苗文和汉文双语记录歌词，是一部见证花苗历史的歌曲集。

谱例 3-1 "苗家建校读书记事歌"，完整地记录了花苗信教的历史以及如何建立学校办教育的过程，选自《(滇东北次方言) 苗族歌曲选编》第 6－10 页。

谱例 3-1："苗家建校读书记事歌"

AD HMAOB JEUS NDEUD AD JANGB AD GOT NGAOX

苗 家 建 校 读 书 记 事 歌

1 = E 4/4

张有才 词曲 李 明 回忆唱
杨忠义 记录 杨忠信 译汉文

3	3	3	1	2	3	5	6	5	4	3

Mins Guos dus ndix jax xaot, And Shunx khab ndeud Dangb
民 国 以 前 九 年, 安 顺 党 先 生

Mis Guos dus ndix yif xaot, nil khet bib hmaob byul
民 国 以 前 八 年, 他 让 我 们 下

Mis Guos dus ndix xangt xaot guk niob draot nangb xiaot
民 国 以 前 七 年, 即 是 蛇 年 在

Nbat xaot zos Mins Guos dangk bib khab ndeud hmaob dangl
亥 年 直 到 民 国, 王 先 生 领 苗

Niob zos Mins Guos dlaob xaot, gukniob draot lad xiaot
到 了 民 国 四 年, 即 是 兔 年 学

Max bib khab ndeud hmaob dangl, tieb khab ndeud hmaob ndlwl
有 王 树 德 先 生, 张 道 惠 先 生

1	2	5	4	2	3	—	—

ntried daot hmaob gos but hmaob,
寻 见 葛 布 苗 族,

yad bib dlat Mub Dib laos,
方 苗 族 去 昭 通,

cok ngax draot Hmaob Lis Naf,
石 门 坎 建 房 屋,

hxek Ad Hmaob dub jeus ndeud,
族 学 生 去 读 书,

dub jeus ndeud zib bat jaob,
生 已 有 三 百 多,

khab ndeud Taix, khab ndeud Gaod,
邰 先 生 高 先 生,

3	3	3	1	2	3	5	6	5	4

khab zaox ndux vail maot raot yad ghangb ndux faod
向 他 们 传 福 音, 希 望 各 方

ntried daot bib khab ndeud Dleub ncheut bib syuk dub
找 到 了 柏 先 生, 爱 我 如 儿

xaot ad ghwb guk nwl xaot cok draot Hmaob Nieb
第 二 年 即 马 年 建 在 味 呷

yad hlaot dlat git myut laos maol jeus cat rangx
要 去 京 城 北 平 学 多 种 知

lub yangx hlit dub jeus ndeud daot mob ghuk guk
七 月 许 多 学 生 染 上 了 伤

draik max bib khab ndeud Guk tieb bib khab ndeud
又 有 我 们 顾 先 生 及 邰 先

—93—

2	5	3	1	2	2 3	5	-	-

ndux　Ad　Hmaob daot njaol　ndux　laol,
苗　　族　　步　和　天　　城　　里,

ncaik taot　niex　cok　ngax　at　ndeud,
女,　等　　钱　修　建　学　　校,

Lub, ndros Hmaob Kaok ngax　gangb jit,
沟,　与　　天　生　桥　　教　　堂,

ndeud, lol　khab draot bib　Ad　Hmaob,
识,　来　教　　育　咱　苗　　家,

jaob, ab　lwb　khab ndeud　maol shaot,
家,　两　位　先　生　　照　　料,

Shaok, Ad Hmaob khab ndeud　guk　jaob,
生,　许　多　苗　族　　老　　师,

5	5	5	2 3	5	3 5	6	i

bof　bib　Ad　Hmaob aib　shaok, jyud dix　jyud rid
见　苗　族　太　贫　困,　兄　弟　姐　妹

hxut　bib　at　laol　ad　hlak, yad traot sieb jeus
让　我　父　老　青　年,　要　专　心　读

draik zos　xaot guk yangx xaot, cok draot Hmaob As
到　了　属　羊　那　年,　建　在　大　坪

chat yyus guk ndliex dib　tlik　jid　dad maol hit
可　惜　社　会　动　荡,　跟　幸　路　难

khab ndeud dleub at　jid　zhaos zos nangb hlit sieb
柏　格　理　乐　重　病　到　正　月　初

hit bangb hit gheuk jangb bib, niob lol　zos　nab
团　结　引　颂　我　们　一　直　到　如

5	6	5	4	5	6	5	-	-

mis,　mab traot dwd nwb　zhis zaos
们　倍　爱　他　人　欺　凌

ndeud cat rangx yad tlik dlat tak,
书，全 面 发 奋 向 前，
dyus, khab ndeud dleub daot shaok ndlas,
子，柏 先 生 遭 灾 难，
daot sib lol dlat Chengs Dud Laos,
行，返 回 到 成 都 城，
yif nil fed njat bib Ad Hmaob,
八，他 与 苗 家 谈 到
nib Ad Hmaob cat lwx yad baob,
今 苗 家 人 人 需 知

5 6 1 5 3 3 5 | 2 1 1 5 |

nil ad sieb hit raot niob, saot maot
他 心 里 很 难 受，写 信
Ad Hmaob jyud dix traot sieb hxait shaok
苗 家 兄 弟 决 心，除 困
nil nws bib zaox Ad Hmaob naox ieb
他 为 我 们 苗 家 吃 尽
niob ib jeus zib xaot ndeud, sib lol
就 读 三 年 书 回 石 门
chat hlub nil niangb dub ncaik tieb Ad
可 怜 他 妻 儿 女 与 苗
hik ndrol hxut zox ngaox nib jiet zheb
共 唱 这 首 歌 以 作 纪

1 2 4 3 | 1 2 1 - | 1 - - 0 ||

maol zaik niex lol zhangt Ad Hmaob.
募 钱 来 拯 救 苗 族
ndlas, zox khab ndeud dleub dlat tak.
苦 遭 柏 先 生 引 领
fad, dut sieb zos ghangb dangl njat
苦 头 伤 心 苦 难 当

njeus drod lol khab bib Ad Hmaob.
坎，回 来 教 育 苗 家
Hmaob khab ndeud dleub njaol ndux ngax.
家，柏 先 生 魂 归 天
njot zos ghab cieb ghab vaof xaot.
念，以 至 千 年 万 载

第四章　傈僳族和花苗地区基督教仪式与音乐的传入

第一节　基督教仪式与音乐的传统

一、基督教的仪式

基督教最主要的宗教活动是礼拜（service）仪式，通常由牧师或长老主持在星期天举行，这一天是"主的日子"，因此也称主日礼拜，这是基督教宗教崇拜活动的核心。礼拜也会在一周的其它日子里举行，例如安息日会的礼拜就定于星期六。基督教教派众多，礼拜仪式有简繁不一的格局差异，其内容总归包括祈祷、读经、奉献、唱赞美诗、讲道和祝福等。与古礼仪教会的天主教和东正教注重礼仪圣事的观点不同，基督教礼拜仪式中最有特色和最有分量的环节是讲道，即讲解圣经。特别是在福音派教会，讲道是整个礼拜仪式的核心内容，往往占据整个礼拜2/3的时间，因此基督教会常见以讲员水准的高低决定一个教会信徒人数多少的状况。

当代中国基督教大多是福音派教会，主日礼拜程序基本较统一。中国基督教协会1993年版的《崇拜聚会程序和礼文》一书，介绍了主日崇拜仪式、水洗礼仪式、圣餐礼仪式、婚姻礼仪式、丧葬礼仪式、按立圣职礼仪式和圣堂奠基落成奉献仪式等七类。下段引用书中的主日崇拜程序（第一式）：

1、序乐（唱诗班、讲道人、主礼人顺序进堂入座）

2、默祷（唱诗班唱"主在圣殿中"〔396首〕）

3、宣召（主礼人可从本书附录的始礼经文中选读一、二段）

4、唱诗（赞美之类的诗歌）　　　　　　　　　众立同唱

5、祷告（主礼人领祷）　　　　　　　　　　　众立

6、主祷文（主礼人领祷）　　　　　　　　　　众立同诵

7、启应经文（主礼人启，会众应）　　　　　　众坐应

　　　　　（可选用附录启应经文）

8、献唱（唱诗班献唱）　　　　　　　　　　　众坐

9、读经（主礼人读切合证道之经文）　　　　　众坐

10、唱诗　　　　　　　　　　　　　　　　　众坐或立

11、报告（主礼人可作简要的堂务方面的报告）　众坐

12、证道（证道前后可由证道人领祷）　　　　　众坐

13、唱诗　　　　　　　　　　　　　　　　　众立

14、祝福（主礼牧师或长老）　　　　　　　　　众立

15、阿门颂（《赞美诗新编》400 首、三叠或四叠）众立同颂

16、默祷　　　　　　　　　　　　　　　　　众坐

17、殿乐　　　　　　　　　　　　　　　　　众散

（彭圣佣 1993：3）

　　基督教会仅保留了教会传统礼仪中的两件圣事：圣餐和洗礼。圣餐是由主礼牧师将象征耶稣身体的无酵饼和象征血的葡萄汁祝福后，分发给受洗的信徒。关于圣餐使用无酵饼或有酵饼，以及葡萄汁或葡萄酒的问题，涉及各派不同的神学观点，基督教多数派别坚持使用无酵饼和葡萄汁。圣餐礼通常在主日礼拜程序中的讲道之后举行，多数基督教会一个月举行一次圣餐礼。洗礼是入教仪式，分为点水礼和浸水礼，点水礼是由主礼牧师将水点在受洗者的额头，浸水礼是将受洗者全身浸入河（池）水或洗礼池中施洗，点水和浸水的洗礼方式也是基于各派不同的神学观点。洗礼多选在隆重节日的礼拜日举行，如圣诞节和复活节等，其他日子也可自行安排，通常在讲道之后举行该仪式。

二、主要节日

　　圣诞节和复活节是基督教最重要的节日，圣诞节是纪念耶稣诞生的节日，复活节是纪念耶稣为人类受难三天后复活的节日。圣诞节自公元 5 世纪

成为教会的传统，从 19 世纪开始逐渐成为西方最重要的一个世俗节日，时间集中在每年公历 12 月 24 日的平安夜和次日的圣诞日，基督教通常会举办礼拜、音乐会或圣诞晚会等活动。在教会的传统年历中，纪念圣诞是从 12 月 24 日到次年 1 月 6 日的一个节期，期间还有一些其他的纪念日，古礼仪教会的天主教和东正教均严格按照教会传统节期纪念和庆祝，多数基督教会仅保留平安夜和圣诞日的纪念活动。复活节是基督教仅次于圣诞节的重要节日，时间为每年春分月圆后的第一个星期日，即公历 3 月 21 日至 4 月 25 日之间。复活节也是教会年历中的一个重要节期，通常从复活节前一周纪念耶稣骑驴进耶路撒冷的棕枝主日开始，到接下来的圣周四最后的晚餐，圣周五耶稣受难日，圣周六望复活，一直持续至星期天的复活主日。多数基督教会仅保留圣周五耶稣受难日和复活节当日的纪念和崇拜活动。

感恩节是美国和加拿大的全国例行假日，缘于丰收和其他的赐福向上帝表示感恩。美国的感恩节现定于 11 月的最后一个星期四，加拿大的感恩节现定于 10 月的第二个星期一，教会也会选择性举行礼拜，但主要是一个家庭节日。中国基督教会没有正式过感恩节的习俗，但在傈僳族教会，一直保留着每年三次重大节日即复活节、感恩节和圣诞节的习俗，这是缘于百年前在该地区传教的传教士多为美籍或加籍人士。居住在怒江大峡谷的傈僳族信徒，每年的感恩节便是雨季即将结束和秋收来临的日子，大多在 11 月份左右举行，因临近圣诞节很多教会也选择将感恩节和圣诞节合并庆祝。三大节日中隆重的是圣诞节，圣诞节活动正式举行三天，复活节与感恩节活动正式举行一天。三大节日跨越教堂或地区界线，多个教堂一起组织过节，特别是圣诞节活动的规模很大，人员可集中数百、数千人，信徒可自愿参加，钱粮自带集体开伙，活动地点集中在人们生活较方便的教会区域。活动内容多为向上帝献礼，领圣餐和祈祷、讲道、唱赞美诗，并举行读经、背经、唱赞美诗竞赛、打篮球、爬竹竿等文娱体育活动，竞赛活动中优胜者还能得到练习本和铅笔之类的奖品。

三、仪式中的音乐

基督教派别之间的仪式差异较大，如信义宗和圣公会高派等属于注重礼仪的基督教派别，其他派别如福音派等不注重礼仪，傈僳族和花苗归属的教派属于基督教福音派。20 世纪初期的基督教崇拜仪式有注重奋兴布道的聚会，也有较正式的福音派仪式，下面是两种仪式的类比：

浸信会奋兴布道聚会	正统福音派聚会
宣召诗歌	风琴前奏
诗歌第_首	开始的诗班（入场）或三一颂
祷告	宣召（诗班唱）
特别献诗	祷告与回应
诗歌第_首	唱诗
牧师时间	读经（会众一起念）与回应，或唱荣耀经
报告	牧者的祷告
特别献诗	念主祷文与回应
诗歌第_首	使徒信经
奉献	诗班献诗
读经	奉献（合唱或器乐曲）
信息	唱诗
呼召	信息
诗歌第_首	祝福（与回应）
浸礼	风琴殿乐
祷告	
结束	

（赫士德 2002：285-286）

中国基督教会的仪式多为正统的福音派聚会，前文引用中国基督教会出版的主日崇拜程序第一式对比此段20世纪初正统福音派聚会的引文，便可知如出一辙。傈僳族和大花苗的教会仪式亦是如此，但此形式并非一成不变，各教会均有自己的选择调整。基督教会众的音乐大多使用是欧美传统赞美诗歌选本，唱诗班更多选择合唱曲及器乐曲，乐曲的难易度和器乐的使用程度取决于该教会财政能力和音乐人才的多少。当代的中国基督教音乐仍以二三百年前的欧美传统赞美诗为主，虽发展缓慢，但也逐步迈向多元化、流行化和本土化的趋势。

第二节　傈僳族和花苗地区西方传教士的音乐文化背景

西方古典音乐与教会音乐的关系紧密相连，大多数西方传教士都熟知这两种音乐文化，差别在于个人的音乐造诣高低不同。17－19 世纪，天主教传教士为中国带来了巴洛克音乐、拉丁文天主教圣咏弥撒曲、教堂合唱和管弦乐队，部分传教士还曾担任清廷音乐教师，编纂音乐理论著作，负责教学、作曲、演奏以及修理和调律管风琴、古钢琴等乐器。至 19 世纪，基督教传教士为中国带来了当时流行欧美的四部和声赞美诗音乐。这一时期五线谱得到广泛普及和应用，军乐队和管弦乐队更在各式社交场合、家庭娱乐、宗教仪式、政府机构和教育机构中全面发展起来。

在傈僳和花苗传教区中，通过西方传教士日后留下的传记文献，可以得知他们大多具备教学音乐基础的素养。四声部合唱便是这些传教士留给傈僳和花苗的西方音乐遗产，直到今天这两个民族的赞美诗合唱已成为最有特色的文化景观。

一、西方古典音乐文化

在傈僳族传教区，出现了一位兼备钢琴家身份的传教士——富能仁。虽然他的闻名并非因为音乐，但就目前的资料来看，富氏是一位具备较高西方古典音乐文化素养的传教士。通过富氏的女儿 Eileen Crossman1982 年为其父出版的传记 *Mountain Rain: A New Biography of James O. Fraser*（中译本《山雨》）一书，让后人了解到他的钢琴梦和音乐才华。

> 他是一位天才横溢的钢琴家，对于演奏寄望甚高。若干年后，他曾借笔发抒一点他对音乐的梦想。"当我陶醉在真正的音乐中的时候，常会感觉到一部份的我，没有得到适当的培植——我不是指技求的表达方面，而是关于音乐的一般教养和心灵的熏陶。不是说若由得我的选择，就会使生命有实际上的改变……我的灿烂生活就是悠游在旧大陆音乐学院的音乐天地里。我梦想着将我的心灵浸润在贝多芬，莫扎特和其他大师们的创造奇才里；痛饮歌剧音乐的杯，活在鲁宾斯坦（Rubensteins），沙拉沙特（Sarasates），派格尼尼（Paganinis）等伟大音乐家的世界中……"（Eileen Crossman1997：22-23）

当富氏来到云南传教时，钢琴音乐仍是他魂牵梦萦的念想，在漫长的山路中，他自有独特的排解方法。"短小精壮的麦卡悌和瘦削颀长的富能仁，就从缅甸骑着骡子翻山越岭进入云南。那些骡子行在山道上，步子很稳。能仁和他的朋友，一边骑着骡子，一边看书或读中文报。能仁还养成了一个习惯，拿出莫扎特的前奏曲和萧邦序曲的乐谱，骑在骡背上"欣赏音乐"。那时候是没有录音带可携带的。"（Eileen Crossman1997：28）

当时的基督教传教士可携带到中国的乐器多为便捷且费用较低的乐器，如可拆卸的脚踏风琴或手风琴、六角风琴、口琴等。由于交通的障碍，运输风琴进入怒江大峡谷已是较晚的事情。但在交通便利的城市里，传教站点或教堂内通常都会有一架风琴。每当富氏遇到这些乐器，便如见挚友，必须亲自演奏过瘾。

> 他们后来回忆当时能仁来到的情形：他灰尘满身，和他们打个招呼，就直奔到风琴前，沉醉在音乐里，弹奏着巴哈，贝多芬，舒曼和萧邦等人的曲子，没有曲谱，常常一弹就是几小时，不能去催他喝茶用饭。他这一种的饥饿必须得到满足。（Eileen Crossman1997：87）

当富氏前往上海治病疗养时，他的钢琴激情终于得到机会释放。在上海的内地会总部，富氏举办了几次小型的钢琴演奏会，以缓解自己对音乐的思慕之情。

> 在中国偏远之地住了多年之后。欧洲人常会惊讶他们对于文化的饥渴想慕之深。能仁停留在上海的时期，也是乐于参与音乐晚会的一人。康复期间，他举行了几次钢琴演奏会；他那袖珍型的音乐会，吸引了不少饥渴的听众到中国内地会的总部来。他有条不紊地计划每晚的演出，保存一份手写的节目表，注明日期，以避免重复。

有张节目表内容如下：

音乐会中国内地会大庭 3 月 28 日 1 个半小时

莫士高夫斯基（B 大调华尔兹舞曲）

F 大调那威列特曲

月光奏鸣曲

萧邦四首华尔兹舞曲和前奏曲

仙号

> 韦伯的奇想曲
> 春之声
> 渴想
> 范狄特斯多夫
> 拉赫玛尼诺夫

> 演奏前，能仁将钢琴上边前面的整块板子拿掉，坚持这样能增进琴声的精确微妙之处。总之，这些音乐会曾令人历久不忘。许多欧洲人——传道人和生意人——后来都说，"你问我记不记得富能仁？嘿，他在上海演奏时我就在那里。"能仁养成个习惯，他每访问一个中国城市。只要那里有间乐器行，他就会去"租"架钢琴，整个下午花四五个小时重温那些名家的作品，他绝不是存心练琴，而是他积蓄在心中的音乐，要找个发泄的出口。（Eileen Crossman1997：123-124）

除了富能仁之外，当地信徒回忆，傈僳族传教区的杨思慧牧师也是美国某管弦乐团的小提琴手，此说法暂没有找到史料佐证。

> 杨思慧还是一位小提琴手。每到星期天或到早晚休闲的时候，他都一个人出来站在院角拉小提琴。有时候，他的妻子阿子打和阿迪马扒（贾牧师）也受感染，于是阿子打弹脚踏风琴，阿迪马扒吹铜号，与杨思慧一起合奏，他们自作自乐，也给旁听者带来了很多愉快和欢乐。（史富相 1997：228）

这种自娱自乐的音乐活动，为傈僳族群众带来了潜移默化的西方音乐熏陶。可以想象，如果当时演奏乐器的人数足够多、水平也较高以及乐器种类齐全的话，就可能十分类似美国建国初期人们欣赏摩拉维亚教派教堂社区音乐会的情景。笔者今日在各地采访时，常听闻一些老信徒回忆，旧时在教会欣赏音乐时氛围如何之好和水准如何之高。如今这些西方乐器在傈僳和花苗地区都没有保存下来，但传承到今日的高水准合唱音乐却是源于此。

二、西方教会音乐文化

19－20 世纪来华的基督教传教士们多拥有出色的嗓音，也会演奏风琴等乐器，鲜有人记录下自己所接受的西方教会音乐教育以及参与服事的教会音乐工作等内容。在傈僳族传教区工作的女传教士杨宓贵灵是杨志英牧师的妻子，她在晚年撰写了自己一生的心路历程和传教经历，其中包括她未来中国之前所接受的西方教会音乐学习和实践的经历。她在自传体著作 *By Searching: My Journey Through Doubt into Faith*（中译本《寻》），首先谈到了自己的音乐喜好，"我喜欢弹钢琴，尤其喜欢弹圣歌。这些青年人也不反对我选那些宗教曲子，于是这奇怪的反常现象就一夜一夜的继续下去。他们玩牌赌博，而我则弹圣歌。"（杨宓贵灵 1996：27）

1922 年杨宓贵灵毕业于不列颠哥伦比亚大学英文系，次年任教于温哥华小学。1924 年夏天她参加了一场教会举办的小型退修会，这次经历改变了她的一生，因为讲员正是在傈僳族地区传教的富能仁。富氏的经历使杨宓贵灵深受感动，并决定成为中国傈僳族的西方传教士成员之一。杨宓贵灵的母亲是位音乐家，她与富氏曾有十分愉悦的交流，其纽带就是他在钢琴上的才华。（杨宓贵灵 1996：39）为了能去中国传教，1924 年杨宓贵灵前往著名的慕迪圣经学院接受为期两年的神学培训，学院浓厚的音乐布道氛围激励着这位年轻的女传道人：

> 那公共汽车坐的是慕迪圣经学院的街头布道队，刚从他们第一晚的证道回来，他们开始唱着：主使我路满生辉，一心向主恩垂；主使旅途乐陶陶，日日夜夜如一朝。四部合唱美丽的青年歌声，从他们的心坎中唱出，他们热诚虔信的心声，使我万分的感动。他们停在那里等过路，一直唱完了那歌。"哦，主啊！"我快乐忘形的祈祷："谢谢你！谢谢你！那原来是这种"暴露"生活的另一面。同蒙基督救恩，宣扬福音的同伴。他们是和我同辈的基督徒，他们能唱得那么好，哦，主阿！谢谢你！"这时候我有如到了主的面前，心满意足地躺下来睡了。（杨宓贵灵 1996：43）

在圣经学院学习期间，杨宓贵灵的一切花销都需要自己解决。她主要的谋生方式是在假期打工，喜欢用钢琴演奏赞美诗音乐的特长成为她找工作的优势，她在圣查尔士少年感化院担任钢琴师为问题少年弹圣歌并为之布道，由于担心演奏水平不行，一开始她十分担忧，后来这一段经历成为她十分感恩的回忆。（杨宓贵灵 1996：64）

1926 年杨宓贵灵从慕迪圣经学校毕业，她搬到加拿大多伦多的中国内地会宣教之家学习中文，并为进入中国做准备。与此同时，从 1922 年起中国内陆爆发的"非基督教运动"一直持续到了 1927 年，在华内陆各地的外籍传教士纷纷退回上海，新生力军更是无法进入中国。杨宓贵灵只能返回温哥华重新找工作，在接下来的一年多时间内，她主要在一家女子教会"温哥华女子角落会"担任负责人，为信徒排练四声部合唱，举办游艺会，带领礼拜等。（杨宓贵灵 1996：77-78）这段经历为她日后在傈僳族地区传教提供了重要经验，因为日后在怒江的十几年传教生涯中，她最主要的工作就是担任麻栗坪教会学校的教师，为傈僳族信徒讲道、教四声部赞美诗合唱、带领礼拜、举办游乐活动以及翻译傈僳族圣经等。

来华西方传教士的教会音乐教育背景的中文文献并不多见，杨宓贵灵的自传为读者展示了一份鲜活而真实的个人文本，同时也很具代表性意义。19世纪大部分基督教传教士的神学训练多来自欧美的圣经学校，这类学校注重音乐的实用性和传教功能，并拥有一套完善而行之有效的训练系统，在异国他乡的传教区具有很强的适应能力。直到今天，福音派教会仍在全球的传教区中运用同样的训练系统（包括音乐在内）。

三、对异域音乐文化的理解

由于没有硬性和文件性的明确规定，西方传教士对待与西方基督文化迥异的传教区音乐艺术和风俗习惯等问题的处理方式，通常取决于个人对异域文化的理解认同程度。虽然多数西方传教士都秉持自身文明更先进的优越感，但也有一些人较客观地对待异域文化，其目的或出于为传教提供便利所需，或出于寻求异族的认同感，更有少数传教士发自内心地热爱中国文化。

在传教的过程中，学习和利用本族乐器是快速拉近心理距离的好方法。中国各族民众喜爱热闹扎堆的特性，使传教士往往利用集市赶街的机会，寻找人多之地敲锣打鼓吹拉弹唱以吸引人群，并藉此趁机传讲福音得救之道。在甘铎理著《在云的那一边——柏格理传记》中，记载了在云贵苗彝地区传教的柏格理用锣吸引人的经历。由于锣之类的打击乐属于噪音乐器，西方音乐中没有此类乐种，在很多传教士的日记中也曾记载他们难以理解中国人为什么如此喜爱这类噪音，并称之为音乐。甘铎理较详细地描述了柏格理这种对西方人来说"惊世骇俗"的举动，此番记录充满了对柏氏的欣赏以及对异域文化的客观而有趣味性的解读：

> 端详一番两位从西方来的青年对中国习俗的吸收，不失为一件

趣事。身着下掩至胫的长袍，足登中国城市居民常穿的柔软轻便的
浅帮鞋，头上恰如其分又紧紧地戴着一顶黑色小圆帽，还装饰有一
条垂及后腰的假辫子。然而，当他们从外观赏非常努力地模仿中国
人的时候，柏格理并没有煞费苦心地把自己装扮成一名传统的汉人
私塾先生。甚至令他的同事们都吃惊的是，他买了一面中国式的锣，
并以淘气般的兴奋敲响，使繁忙街道上来来往往行走的商贩们吓了
一跳。于户外布道开始之前，他敲锣的声响能召集来两倍于以往的
百姓听众。在西方人看来锣不过就是黄铜的碰撞声，但对于中国民
众则为深深地回荡在脑海里的击打音响。似乎黄铜锣的锣音是许多
中国音乐的组成部分，此类乐曲不可避免地要给婚礼与丧葬伴奏。
每当柏格理在某个繁华地段敲响他的铜锣，这时候就会招致顾客们
丢下手中正在进行的交易，跑过来观看声音起处发生了什么事情。
因此他变得以"敲锣的小个子洋人"而闻名，虽然许多居民与他只
不过相互遇见时点点头，且对这个疯疯癫癫的外国人并不留意，但
是其他人则越来越被此位进入他们安详与自得生活的奇异的特殊人
物所吸引。（柏格理等 2002：476）

二胡和笛子这两种乐器具有广泛的民众基础，会吹奏笛子的柏格理曾与
会拉胡琴的汉族传道员李司提反一起，在彝族罗罗人的聚居区自行组织一个
业余的民间乐队，在自娱自乐之时用此传教、唱赞美诗和讲道，很受彝族人
欢迎，甚至当地土司都不对此行为加以阻止。（古宝娟等 2010：61）柏格理在
沿长江而行传教时，曾一路听见胡琴声和民间歌曲，他充满情感地解说了这
种民间音乐的文化内涵和生命力量，也道出了欧洲人并不喜欢也看不起这种
音乐的真实感受。

　　　　这里有着许多离奇的两根丝弦的胡琴民谣和歌曲，都是歌唱也
赞颂历经艰辛的先人。曾经有人告诉我，生活在这种危险地区的人
们，都能把强烈的情感与悲哀汇入他们的歌中，在蹲坐着倾听叙述
那些男女英雄遭受苦难的故事的歌曲时，旁观者们都不由得热泪盈
眶。有那么一些人推测，汉族人缺乏激情，认为他们最为崇拜的神
只不过是财神，如果他们认真反思一下汉族人的意识，自己就会大
吃一惊。他们将会发觉眼前即存在着一个诗与激情的巨大源泉，它
一旦喷发，就会产生不亚于南欧人民或热情的印度人那样的高歌和

充满身心的欢乐。有时我们嘲笑这个东方种族的各种乐器，安有两根丝弦的胡琴发出的尖叫声足以使一个欧洲人感到不舒服。然而在乡村艺人的手中，这两根琴弦可以诉说出激情与阴谋，表达出爱情与失意，以某种奇妙的方式调动着听众的感情。那些人夜里入睡时，宏大的扬子江就在他们门外几码远的地方咆哮，他们几个世纪的梦境就是山里人将要发生的袭击，恐惧被强压在许多人的心底，生活在近乎于初始的情感中，他们在曲调和粗糙的乐器中学会了如何谱写情感的歌，及如何把他们的意思传达给自己的伙伴。扬子江上游汉子的歌是用他们的情感凝成，是真正的男子汉的歌，是属于他们的歌。（柏格理等 2002：193）

西方传教士究竟如何对待传教区的音乐？不喜欢不接纳者为多数，少数融入者才能体会和理解这种文化，柏格理即为代表之一。他留下的传记中，有两张著名的照片：柏氏身穿大花苗服饰，坐在一群大花苗信徒的中间，手持芦笙正在吹奏。另一张照片是柏氏一家三口身穿汉服的合影，这是内地会组织的基本要求，即说汉语着汉服，与当地人融为一体。吹芦笙意味着成为苗族人的一份子，甘铎理曾记录柏格理取出芦笙进行苗人才会的表演后获得苗族人认同的故事。（柏格理等 2002：780）

芦笙这种最具苗族特色的乐器，被西方传教士们用文字记录下来。后来在石门坎花苗地区传教的英籍传教士王树德牧师，虽并不提倡苗族传统文化，但仍《石门坎与花苗》一书中客观地描述了这种乐器。（柏格理等 2002：392）英国卫理公会联合传道团的塞缪尔·克拉克牧师，作为中国内地会的传教士之一，曾在中国西南传教 33 年之久，期间他在贵州安顺地区居住了 20 多年。1911 年伦敦出版了他的《在中国的西南部落中》，该书被誉为苗学研究的经典之一。克拉克在书中记录了大量的贵州少数民族的民间风俗和基督教信仰活动等，并详细展现了百年前苗族芦笙节中的民风民俗。（塞缪尔·克拉克 2009：34-35）他还提到了贵州布依族的山歌，虽寥寥数语，但已简明扼要说明特点。（塞缪尔·克拉克 2009：51）彝族是与花苗接触最多的少数民族，柏格理在向花苗传教之前首先接触的是这个民族。其等级森严、文化发达、崇武好斗的特点，使西方的基督文化极难融入。柏氏在《在未知的中国》中曾记录了他所见到的一种类似单簧口琴大约是口弦的彝族乐器。（柏格理等 2002：318）

历史发展可以证实，西方音乐文化在它普及的区域内，似乎比当地音乐文化具有更强的"侵略性"，特别是承载着西方文明核心的宗教文化内容。在合唱水平优秀的傈僳和花苗基督教群体中，本民族传统音乐已难觅其踪，但这个特殊的群体已经完全接受和吸纳了西方的基督教音乐文化，并彻底地将其转化为本民族的文化传承。

第三节　基督教仪式和音乐在傈僳族和花苗地区的传播方式

一、乐器与传教

（一）中国乐器

通常，西方传教士利用民族乐器进行宣传和娱乐等活动，都能带来快速吸引中国民众以拉近距离引发好感的效果。外国人戴瓜皮帽和假辫子打扮成汉族私塾先生的模样，在村民集市上散发布道传单、演讲、播放西洋幻灯片、演奏民族乐器等，不仅是内地会最常见开疆辟土的传教手法，也是很多其他教派的常见手段。富能仁在云南腾冲传教之初，便在集市上扮成汉人模样，买了一面锣使劲敲响吸引过往人群。甘铎理在《在云的那一边——柏格理传记》中提到，富能仁像一个淘气的孩子一样在街上兴奋地敲着，他特别说明这种中国传统的民间打击乐器所承载的文化涵义，以及富氏此番行为所带来的效果：

> 于户外布道开始之前，他敲锣的声响能召集来两倍于以往的百姓听众。在西方人看来锣不过就是黄铜的碰撞声，但对于中国民众则为深深地回荡在脑海里的击打音响。似乎黄铜锣的锣音是许多中国音乐的组成部分，此类乐曲不可避免地要给婚礼与丧葬伴奏。每当柏格理在某个繁华地段敲响他的铜锣，这时候就会招致顾客们丢下手中正在进行的交易，跑过来观看声音起处发生了什么事情。因此他变得以"敲锣的小个子洋人"而闻名，虽然许多居民与他只不过相互遇见时点点头，且对这个疯疯癫癫的外国人并不留意，但是其他人则越来越被此位进入他们安详与自得生活的奇异的特殊人物所吸引。（柏格理等 2002：476）

在花苗地区传教的柏格理会演奏苗族最具代表性的传统乐器——芦笙，从一张流传下来的照片中可以看到，柏格理身穿花苗传统服装坐在花苗信徒的中间，手捧芦笙作吹奏状。（图片4-1）

图片4-1：吹芦笙的柏格理和大花苗信徒合影

（来源 http://www.shimenkan.org/light/ship/）

一个由二胡和笛子组成的二人民族小乐队，效果比单一乐器更能吸引民众。柏格理就曾经和汉族教师及传道员李司提反，一个吹竹笛、一个拉二胡相互合作，不仅用来布道，也用来自娱自乐。可以得知，柏格理本人擅长吹奏乐器，苗族的芦笙和汉族的竹笛都是他的拿手好戏。

（二）西洋乐器

大部分西方传教士擅长的是西洋乐器和美声演唱技法，那个时代的中国最流行的西洋乐器非脚踏风琴莫属。因其价格较廉和携带便捷，脚踏风琴风靡于民国时期的教堂、学校、闺房、上流社会及社交场合等各处，以至于天津和上海等地曾出现国产的风琴制造厂以满足社会需求。20 世纪上半叶，去教堂做礼拜、看洋人、听洋琴、玩洋玩意等，都是附庸风雅而好奇有趣的社会时尚，位于西南边陲的云南也不例外。1929 年富能仁和几位在腾冲的外籍女传教士一同前往潞西勐嘎传教，内地会重用女传教士的传统再一次在民间得到了很好的效益，她们和蔼可亲的女性身份可以广泛地接触各阶层的妇孺百姓以获得信任，逢周日甚至闲暇时间，当地妇女们便携子带孙前往教堂看洋人、听风琴演奏、玩洋玩具、拿洋画（圣经宣传画）、学洋歌（教堂歌曲）等，青少年还可以参加跳绳、拍皮球、丢手绢等体育活动，同时教堂还时常举办演唱《颂主圣歌》和背诵圣经片段之类的有奖比赛文娱活动，凡皈依者可每人领到圣经和《颂主圣歌》各一本。（朱发德 2008：748-749）

杨宓贵灵在她的传记《寻》中提到，温哥华角落会的女子为即将前往中国传教的杨宓贵灵捐赠了一架轻便风琴的钱，她购买之后把琴带到了怒江傈僳族地区。在大理传教的海富生大夫在《寸草春晖》中记录了他和杨宓贵灵一起进入傈僳山区时，用骡子来驼行李，其中载有一台手提式风琴的骡子失足险些丧命，这台风琴很可能就是杨宓贵灵用捐赠款购买的手提式脚踏风琴，幸好一切都安然无恙，当他们和驮着货物的骡队进入村寨时收到了傈僳族 intuitive 的热情欢迎。（朱发德 2008：863）在接下来多年的传教生涯中，这架脚踏风琴给予了傈僳人和传教士们无穷的乐趣，当杨宓贵灵离开中国时，将它留在了当地。（杨宓贵灵 1996：90）杨宓贵灵在自己的传记中多次提到富能仁的钢琴演奏才华，这架脚踏风琴的到来，为极度渴慕音乐的富氏带来了莫大的安慰，他弹奏萧邦的波兰舞曲和贝多芬的乐曲，吸引了大批傈僳人围观。（Eileen Crossman1997：203）在傈僳族山区传教的高漫夫妇的简陋居家之中，也拥有一架风琴，还有一张西式的摇椅，其余都是和山民一样的简陋当地家具，如草席木板床等。（李亚丁@www.bdcconline.net/zh-hans/stories/by-person/g/gao-man.php）日后陆续前来傈僳山区的传教士们，很多都会演奏脚踏风琴，如杨思慧的前妻伊丽莎白等。

手风琴也是最常见的西洋乐器之一，比起脚踏风琴，它的便捷和价格更受传教士的亲睐，尤其在街头传教，手风琴的作用便非同一般。在杨宓贵灵没有来到怒江之前，伴随富能仁长达九年的乐器便是一架手风琴。（杨宓贵灵 2013：13）富氏除了敲中国的锣，更是不顾人群的嘲笑和反对在集市上拉手风琴唱歌传教，（Eileen Crossman1997：84）当杨思慧到达傈僳山区之后，用手风琴、留声机演奏和播放西洋音乐，并禁止山民唱调子舞蹈和祖先的历史传说。1935 年 4 月福贡县傈僳族反暴政武装起义，留下了神召会的两个英国女传教，她们避难于杨思慧家中，闲暇之余学习傈僳语，在休息时或周日两人一起一边拉手风琴一边唱歌。在兰坪传教的傅培德，也是四处游说走村串巷，每到一处便详细了解当地风俗、人文地貌等汇集成册寄回英国，并悬挂宗教宣传画、用手风琴演奏圣经歌曲和散发图片以吸引民众入教。（朱发德2008：100，893，145）有一种更小型的六角手风琴曾出现在大花苗地区，苗族信徒杨体耀对他童年时期的石门坎学习时代看到的这种乐器终生难忘。某个周日早礼拜，20岁左右的英国姑娘赵月林老师站在教堂讲台上曾演奏过一个很小但声音很洪亮的蜂窝状手风琴，这个景象只出现过一次，因为以后再没有进过教堂。（东人达2004：382）

西洋铜管乐器铜号在石门坎学校是召集人流的最佳乐器，杨体耀回忆到，"每个礼拜天的正午时分，当2个学生在教堂门口吹号，吹得震天响以后，一时间，人们就从四面八方像潮水般涌进教室，要做礼拜了，号声和人流给我的印象极深。"（东人达2004：382）而在傈僳山区，铜号是杨思慧家庭小乐队的组成之一。擅长小提琴的杨思慧每到周日或早晚闲暇时，会一个人站在院角拉小提琴。有时候，他也和擅长演奏脚踏风琴的妻子伊丽莎白、会吹铜号的阿迪马扒（贾牧师）组成西洋小乐队，一起合奏自作自乐，傈僳人就会围绕在旁边欣赏娱乐。（史富相1997：228-229）

口琴这种小巧玲珑而又音色清新的乐器特别受孩子们的欢迎，1910年柏格理为花苗孩子们准备的口琴、哨子等礼物为大家带来了莫大的欢乐，孩子们更喜欢的是成群结队地围坐在篝火边听柏格理吹奏口琴。（柏格理等2002：747；749）

除了脚踏风琴、手风琴、铜号、口琴等西洋乐器外，特别吸引乡民的是留声机播放的西洋音乐。神召会传教士马道民在福贡县传教时不仅带来了手风琴，还有留声机。乡民无法理解那么多声音是怎么装到这个匣子里的，这些对处在峡谷深处的边境群众，都是开天辟地的奇闻。乡民虽然也酷爱歌舞，但只有简单的一两种自制乐器，娱乐生活单调而枯燥，为了接触新鲜洋玩意和学习洋歌，很多年轻人纷纷入教。而传教士编纂的傈僳文结构简单，当地只有国民政府创办的一两所汉文学堂，相比复杂难学的汉字和打骂模式的传统教育，和颜悦色、丰富多彩的教会文化自然更受当地傈僳族和怒族等乡民的喜爱。（朱发德2008：117-118）

二、教与学四声部赞美诗

傈僳人的音乐天分很强，杨宓贵灵在自传中不止一次提到傈僳人四部合唱的能力和音乐的美妙和谐，具有音乐家水准的富能仁是傈僳人分声部合唱的早期教师。

> 他教傈僳人分部合唱，并说会众唱诗，没有比得过傈僳人的。
> 这本书就是在傈僳人的歌声中写的。有个晚上，这些山地的儿女来访，围在小风琴旁，用傈僳话唱："哈利路亚，救赎功成；我信神子，被钉流血拯救我！"歌声渐大，整个房间似乎乘着美妙的音浪飞扬，让我们沐浴、淹没于美妙的歌声中。男高音、低音、女高音、低音，巧妙和谐地融为一体，发自全新爱他、信他的心灵。歌声如此美妙，让志英和我感动不已。当中有人曾经为耶稣的缘故坐牢，有人为此遭打，几乎所有的人都遭受过逼迫。至此，我们才明白，单身汉何以夸耀傈僳人的歌声——他们满心欢喜地相信诗歌中的真理，唱出活生生的火热歌声。（杨宓贵灵 2013：13-14）

> 他爱教小孩子们唱歌。这里的土著民族颇有音乐的天赋，很容易就学会了分部合唱。能仁教他们一种他自己发明的方法去认谱。诗歌是传达思想的一种方式。他们学的一首歌，是用许多句子讲述旧约故事，另一首歌讲述新约。那时还没有傈僳文的圣经，这至少可以作个简介。（Eileen Crossman 1997：161）

富能仁喜欢传统老旧风格的赞美诗，在聚会中，他会一边演奏脚踏小风琴，一边带领大家唱诗。他的最爱是圣经诗篇第 23 篇"耶和华是我的牧者，我必不至缺乏"，而他总会宣布说"让我们来唱一首三千年前写的圣诗吧。"（Eileen Crossman 1997：204）富氏在各山寨传教时，总要传讲福音、教傈僳人用傈僳语学习简单的祷告，并和大会一起围在柴火旁反复教唱简单的赞美诗歌。传教士如若拥有一副好嗓子不仅具有演唱魅力，也能在讲道方面吸引信徒。女传道人洛西就有一副天生的好嗓音，同时也是一个具有天赋的讲道员，她用汉语讲道的才能很容易能吸引一大群人，而富能仁在这方面则自叹不如。洛西谈到傈僳人"爱唱歌，他们有音乐天才，很快学会了四部合唱。他们活泼好玩，对他们的信仰觉得亲切。他们不但是弃绝了过去一切的罪，还决定背起十字架跟随他们的主。"（Eileen Crossman 1997：191，192-193）后来陆续到来的传教士杨思慧和伊丽莎白夫妇、杨志英和杨宓贵灵夫妇等人都担任过傈僳人的音乐和合唱教师。富能仁在书信中写到杨志英夫妇的合唱教学经历和自己的感受：

　　我希望你能听到我们傈僳人的歌唱。杨志英夫妇是我们的宣道士音乐家，一直教他们分部合唱——他们学唱，连架风琴也没有。真是感人，我禁不住眼泪盈眶。在老家，在英美，我很少听到会众唱得这样感人。他们自己喜欢歌唱，你在星期天晚上临睡前，听到邻村一个家庭还在分部合唱甜美的圣诗，你会感觉如何？哦，我多爱听他们唱，'当我生命的工作完毕，我要横过那泛滥的潮水！'我决不夸张——但我知道一个小传道人的心中正泛滥着热情与赞美，倾听着中缅边境上这些山胞们发自内心的悦耳的歌声。（Eileen Crossman1997：193-194）

　　杨宓贵灵非常喜欢并乐于教学傈僳人合唱赞美诗，她一再赞叹傈僳人的音乐素质，并且毫不掩饰地表达对汉族人只会演唱单旋律赞美诗的厌烦。"傈僳人稍加训练就能四部合唱！汉族农民的那种单音唱诗我真是腻烦透了。这种对音乐的酷爱及热烈的趋向，也是一种奢华。还有其他诸如此类的东西。"（杨宓贵灵 1992：126）1933 年到达云南的英国大夫海富生曾在大理的汉族教会服侍了一段时间，他同样提到了汉族农村妇女学唱诗的情形"在那里有衷心的女传道经常把乡下的妇女带到礼拜堂去听道。她们像我一样也是刚刚在学中文，每次唱诗的时候都像是在奋斗一样连唱的音调也顾不上了；当会众中其他的人都已经唱完了的时候，她们终是还要勇敢地坚持下去把还剩下没有唱完的两三句唱完为止。"（朱发德 2008：856）这里所描述的跑调和没有节奏的赞美诗演唱，其实也是汉族教会至今最常见的音乐问题，也难怪面对傈僳人的杨宓贵灵会发出如此的感慨。

　　除了这些外籍传教士，负责全体信徒学习四声部赞美诗和圣经的任务，通常由本地牧师（骂扒打玛）和传道员（骂扒）分担，这个传统一直延续到今日。各地教会按信徒分布的区域划分成若干个牧师和传道员区，每区都有一个牧师或传道员，负责教授傈僳文圣经和赞美诗，信徒分散地区实行集中巡回传授制度，需劳作的青年人聚集在晚上时间自带柴火在某家中火塘边学习。外籍传教士还会不定时举办短期培训班，集中傈僳族牧师或传道员学习半个月至半年不等时间，再由他们向各村寨信徒以同样方式培训下达。

　　教唱的过程不仅是在教室里的正规培训和教堂里的分组学习，也持续在路途田间。杨宓贵灵和傈僳族信徒路救一起前往保山，在山路行走中，杨宓贵灵翻译并教他学唱了一首赞美诗短歌"我主耶稣是生命粮"。路救很喜欢这首短歌，在行程将尽之时，他把短歌写了下来，预备回去后，教给他在橄榄寨的弟兄姊妹们。（杨宓贵灵 1992：139）由信徒自发组织的福音布道队，也是教学四声部赞美诗的途径之一。这种形式在汉族城乡地区十分常见，但在少数民族地区却并不多见。1944 年由维西县青年信徒组织的"边疆基督福音布道队"，巡回各山寨宣讲教义，教唱赞美诗，并编印了《福音小册》广泛散发，活动持续了四年之久，影响较大。（朱发德 2008：507）

从史料来看，苗族人为改变生存境遇传播福音和学习赞美诗的劲头更为迫切主动，他们如饥似渴的热情给传教士留下了深刻印象。早期流传于苗族的赞美诗歌本只有歌词没有乐谱，苗族人便将之安上苗族曲调口口相传，被誉为"安顺苗王"的传教士党居仁（亚当）便亲历这样的事情：通过族人之间口耳相传的赞美诗到达距离甚远的苗人部落时，因不了解西方的曲调人们便主动用苗族传统歌调演唱，除此之外他们还可以背诵主祷文和摩西十诫经文，对此党居仁感到十分吃惊。（塞缪尔·克拉克 2009：84-85）

柏格理是花苗学习赞美诗的早期教师，和傈僳族地区的传教士一样，他需要一面学习和编写民族文字，一面教花苗人教义、祷告和唱赞美诗，工作量巨大而艰辛。英籍传教士王树德在《石门坎和花苗》中写到，"求道的人们从早上五点钟就开始，整天都在学习汉文的教义问答手册，使传教士几乎不可能得到片刻休息。柏格理则必须启动一个特别的开端；他必须教会他们既能诵读又能理解基督教教义，他必须教会他们做祷告，他必须教会他们唱圣歌；面对这种形势，他以钢铁般的意志担负起新的工作。"（柏格理等 2002：404）

花苗对福音的急切渴望充斥在每一篇传教士后来撰写的传记中，他们通常是一批批、一个村寨、一个部落地跋山涉水连绵不绝来到柏格理处学习教义和赞美诗。英籍传教士甘铎理在《在云的那一边——柏格理传记》中，记录了柏格理以坚毅的体力、丰富的教学经验和充足的爱心接待了如潮水般慕名前来的花苗。（柏格理等 2002：528，539-540）

在一些汉族信徒的帮助下，柏格理摸索出先教花苗读书学简单汉字的方法。他让每人先买一本 40 文钱的赞美诗歌本和 80 文钱的新约圣经，要求大家从《马可福音》第一章开始学习识字。而每天早晨五点至次日的凌晨两点，这些花苗人都一直沉浸在读文识字中，舍不得放下书卷。（阿信 2009：101）在吃饭时，柏氏教大家唱一首饭前的"谢饭歌"，花苗人会端着木碗，里面盛着他们随身带来的燕麦炒面，低头歌唱谢饭"多谢天父养我肉身，又赐耶稣救我罪人，天父之恩报答不尽，恳求圣灵开导我心。阿门！"（阿信 2009：100）花苗的激情也特别持续在赞美诗的学习上，白天和夜间，唱赞美诗和祷告都是花苗的心灵安慰。"我和衣而卧，很快就睡着了。不久，我就被歌声所唤醒。原来是那个先前被狗咬伤的苗族人正在教一伙妇女和姑娘们唱歌。看到他在那里耐心地教她们唱，这种情形真让我感到有些难为情。夜半时分，饭准备好了，我们美美地饱餐一顿。晚饭后，我又重新入睡，当我再次被唤醒的时候，那个苗族人仍就在和妇女们唱歌。随之，我又听到他在教她们祈祷。"（柏格理等 2002：712）

三、教会学校

教会学校是培养教会人才最主要的地方，识文断字、神学训练以及音乐培训等系统课程都是在此处完成，后来服务于教会和社会各阶层的傈僳族和苗族人才大多曾就读于教会学校。早在 1918－1919 年间，传教士高漫夫妇在滇川交界处 100 英哩之内的崇山峻岭的各少数民族村寨布道，他们举办圣经培训班，并开办了三所教会小学。由于教育成绩斐然，还受到武定县政府的肯定和县长的赞扬。（李亚丁@www.bdcconline.net/zh-hans/stories/by-person/g/gao-man.php）而杨志英夫妇在 1942 还举办了女子圣经学校，一改傈僳族认为妇女不能读书的传统，并维持成每年的惯例。

1922 年富能仁派杨思慧夫妇到他经营多年的德宏州潞西市木城坡教会工作，杨氏二人在那里开办夜校，教傈僳文和傈僳语赞美诗。待傈僳文《新约全书》和《颂主歌本》出版后，便以此为教材进行培训，每年举办两期讲道班。作为小提琴家的杨思慧教唱歌、乐理和指挥常识，并以身示范指挥手势，教教牧人员学习打拍子。学习结束时举行闭卷考试，合格者颁发毕业证书。（史富相 217－218）

1930 年"麻栗坪基督教会"成立，这是怒江傈僳族基督教的活动中心，不久教会学校成立成，遂为傈僳族教育的中心。每到周三、六晚上和周日的白天及晚上，汉文班的学生就到麻栗坪教会学校的教室里去听传道员传教和学唱赞美诗。杨志英和杨宓贵灵夫妇在此工作了 12 年，培养了大量的傈僳族教会人才。何永芳在〈我进的第一所学校〉一文中，记录了该校的宗教活动和音乐学习，学生逢礼拜一六晚上和礼拜天白天及晚上，需到教堂里听讲圣经和学唱赞美诗，杨宓贵灵和美国牧师毕德生经常组织学生学唱圣歌和读圣经：

> 有时他们把学生组织成甲、乙两个组，每组五至七人，赛读《圣经》。读得流利的为胜者，对胜组的每个人的《圣经》书上，都给贴上一颗银色的五角星，里边刻有"某某人在赛读《圣经》书中胜利了"等字样。到了"复活节"那天，清早六点左右杨志英的爱人就把我们比较大些的同学组织起来，到野外去举行纪念耶稣复活的活动。先是唱一首歌，歌词大意是："停在坟墓里的救主耶稣，从坟墓中复活了。由于他的强大有力，战胜了魔鬼，起生了、起生了，他在上帝面前永远活着。"唱完这首歌后，她就讲给我们耶稣如何受难和七天后如何复活上天堂等的故事，然后让我们学生排起队低头闭目，由她带领大家进行祈祷，祈祷完毕，我们就回宿舍了。（朱发德 2008：254）

1934 年杨志英和杨宓贵灵夫妇开办每年一次、为期三个月的雨季密集圣经培训班，主要是针对男子的圣经学校。杨宓贵灵记录了一段 1942 年该校举办的结业典礼演出：

> 我们为这些男孩子举行了一个结业典礼。从拉梅地来的四位牧童以诗篇二十四篇，四部合唱了一首美妙的赞美诗。毕德森牧师说，一个有大人气的小牧童，他的站法和唱法就像一位牧师一样！不但满有风趣，而且还有安慰性的微笑。他们回家以后怎么样了呢？路求那个牧童（曾获胜被选作音乐指挥）说得好——他的嘴巴讲得那么快，一直在述说麻栗坪那两个礼拜的趣事妙闻。一个晚上都叫他讲完了，别人连嘴都没插上！（杨宓贵灵 2013：231）

编写赞美诗同样是教师需要做的事情，1944 年男子圣经学校需要一首新的赞美诗短歌，杨宓贵灵没有时间编写，于是就告知傈僳族教员鱼路加一个曲调旋律，让他去找合适的歌词。鱼路加自己创作了一首军歌，填词正为合适。看到他们的成绩，杨宓贵灵索性把拟定修业证书图案的责任也落在他的肩头，这些事情原是傈僳人从来没有想到能作到的。（杨宓贵灵 1992：174）一些傈僳人进了政府办的省立碧江小学学习（1936－1941），学校里有架脚踏风琴，课余时间和周日师生们便一起弹琴歌唱自娱自乐。（朱发德 2008：259）还有一些傈僳人被送到其他地区的教会学校学习，如后来成为牧师的祝发清，"1937 年在腾冲瑞典国神召会办的圣道学院学习系统的神学知识，学员多是景颇、傣族等少数民族，学校提供生活费和书籍，课程有神学、英文、音乐、五线谱、风琴、乐理知识等。"（朱发德 2008：268）

柏格理为花苗创办的学校不等同于傈僳族的教会学校，它从办学开始就是正规的小学教育，而不仅是教会教育，这也是柏格理所属的循道会与内地会的教育理念差异所在。花苗石门坎小学的教育不仅是先进的教会教育，更是国民政府时期数一数二的小学教育水准，这是石门坎学校一直被誉为文化教育圣地的缘由。"1912 年，石门坎光华小学在初级班的基础上，又增办高级小学，分男女两部。这样，外地读完初小的学生都来石门坎读高小。当时流传着一首'到石门坎去读书'的歌谣：去读书呀，所有青年男女，去石门坎读书，小学中学分步走，高中大学在前头，不要往后退，要朝前走朝前走。"（阿信 2009：194-195）石门坎光华小学使用的是民国当局教育部门统一编写的教材，而音体美课程由教师自选教材，有些教师还使用五线谱进行教学居然也取得不错的效果，该校还在课余时间组织校歌咏队。

> 歌咏队不但练齐唱，还练轮唱、男女二重唱、四部合唱等。说来可能有人不相信，苗族学生唱歌，七个音阶唱的十分准确，无矫正可言。可汉族生就不同了，要把七音唱准确，不经过长时间的纠正是很难的，尤其是 3、4 与 7、i 两个半音，实在无法纠正。苗族人不说学生，就是一般没进过学校的男女青年，也是唱得十分准确。这也可以说是苗族人先天的一种长处。其实，从生理上讲，这可能是与本民族的语言有关。（东旻、朱群慧 2006：267-268）

石门坎学校培养出的花苗人才在继续深造之后，大多选择回到学校任教，哺育下一代苗族子民。可以说，柏格理等人奠基了石门坎教育的基石和发展方向，而他们培养出来的本族人才是成为一代又一代花苗孩子奋发图强以及发展苗族教育的动力。[7] 例如，深得蒋介石赏识的第一代花苗知识分子教育家朱焕章，就是石门坎学校培养出来的名人。他 1927 年从云南昭通宣道中学（王树德资助）毕业后，首先回到石门坎小学任教。他精通音乐，并充分运用自己的才能鼓励苗民接受教育。朱焕章曾用《苏武牧羊》曲调填词一首唤醒苗族弃旧迎、新努力读书的歌曲，曾流传一时。学校老师在他的影响下，分工带领学生深入村寨教群众唱歌宣传读书的益处。朱焕章本人擅风琴和钢

---

7 关于石门坎教育的研究，读者可参考诸多专著，此处不作详述。

琴演奏，在学校每月或半月一次的文艺晚会上，他常为表演唱歌的师生伴奏，晚会上的节目还有舞蹈、吹笛、吹木叶和讲故事等。（东人达 2004：399-400）1929 年朱焕章进入华西大学深造，1931 年进入该校学习，期间他编纂了共四册的《滇黔苗民夜读课本》（《西南边区平民千字课》），此书对花苗的影响极大。第一册十二课《爱国歌》和第二册的第十课《平民歌》这两首充满爱国热情的歌曲在当时妇孺皆知，而当地 2/3 的群众都能诵读这四册课本，达到扫盲标准。（东人达 2004：403-404）

石门坎小学特别重视学生的文体生活，将每年五月端午节苗族青年谈情说爱的"花山节"同乐会，改成"文艺调演"和"运动会"。花山节上因有苗人自古以来的自由情爱媾和之俗，被西方传教士认为违反教义之之不良风俗，为了同时拥有正常交往的自由空间和良好风气，逢五月端阳的花山节便被改为现代化的运动会和文艺调演，这个习俗一直延续到 1949 年之前。运动会以学校为主体，包含学生团体操、足球、拔河和歌咏比赛等节目，非学校团体参加还有妇女穿针、齐麻、穿裙和文化测验比赛等内容。1932 年第 21 届和 1934 年第 23 届两次大规模的运动会曾引起了人们的广泛赞誉，内容包括学生团操、跑步、跳高、跳远、撑杆跳高、三级跳远、掷铁饼、标枪、足球各类体育项目以及高年级的国术十二路弹腿和板凳拳等，因此引起国民政府的关注，接下来的活动也越办越大，还增加了射箭、赛马和爬山等传统民族体育运动。（张坦 1992：190）

正是石门坎花苗教师对学生们的心血付出，使得运动会有如此斐然的文体娱乐成绩，这是在整个苗族历史上所没有的。1943 年秋季，朱焕章创办西南边疆私立石门坎初级中学并任校长，学校坚持延续石门坎小学的优良校风，坚持尊师重，开办丰富的文体活动。时逢抗战时期，学校经常开展爱国教育，并经常排练抗日救国歌剧，前往乡场向各族群众演出，在学生和群众中教唱《到敌人后方去》、《在太行山上》、《流亡三部曲》等抗日歌曲，还把部分歌曲译成苗文，在苗族村寨传唱，大大激发了人民的爱国热情。（东人达 2004：271）石门坎学校的学生在整个西南地区都非常出色，无论学习、文体、劳动还是娱乐等，样样都比外校的学生优秀。

石门坎学校有自行创作的校歌共两首：《石门坎光华小学校歌》（徐宝珊、夏侯亭词，吴性纯、李正文曲）和《私立石门坎初级中学校歌》（斗光词，曲借《Robin Red-beast》）。

图片 4-1

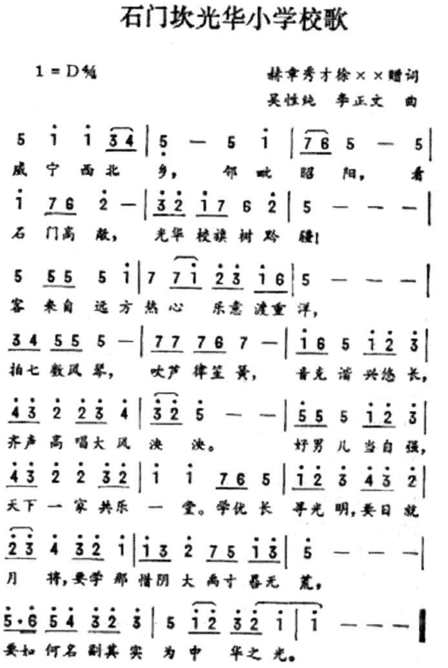

（张坦 1992：191）

图片 4-2

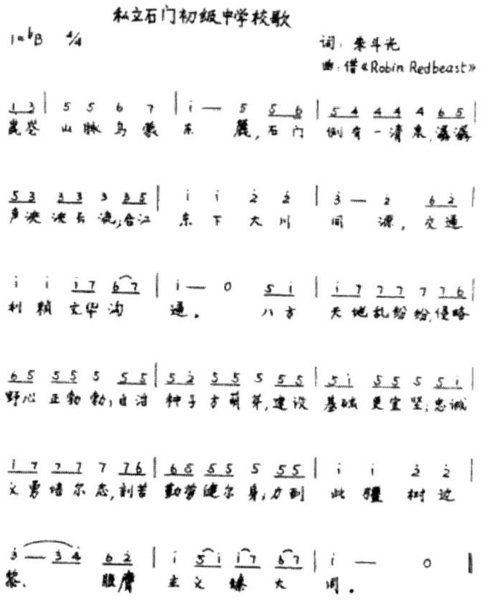

（来源 http://www.shimenkan.org/rice）

这两首歌的歌词是石门坎教育的主导思想表现，陶绍虎在〈石门坎光华小学、私立初级中学校歌注释说明〉一文中，对歌词进行了勘正和注释：（东人达 2004：415-417）20 世纪 40 年代的石门坎学校的歌声，除了教会赞美诗、爱国歌曲、校歌以及抗战歌曲外，还多了国家歌曲，国家主义教育成为一种仪式将教会学校纳入其内。学校每周一早晨举行"总理纪念周"活动，全体学生唱国歌（图片 4-3）和党歌，这是当时全国学校的统一制度安排。（沈红 2007：216）

图片 4-3

（来源 http://www.xhgmw.org/uploads/day_101118/201011180939325968.jpg）

石门坎学校代表了当时苗族乃至整个西南地区的最高教育水准，但在贵州的其它地方还有一些普通的教会学校。如 1912 年加入内地会的德国信义宗姊妹会女传教士巴宽敬和包宽爱，她们在黔西北大定（今大方县）传教，并开办了学校、诊所、孤儿院等。该校同傈僳族教会学校一样，主要教城乡信徒、孤儿以及农村彝族、苗族的孩子们，学习用国音字母拼写的圣经和赞美诗等。（东人达 2004：249，256）

第四节　傈僳族和花苗地区的基督教仪式活动

一、礼拜仪式

傈僳族除每周日的主日礼拜，还有每周三和周六晚间的平日礼拜。主日礼拜有早中晚三次，中午 10－12 时的礼拜最重要。通常由牧师、传道员或长老一人主持，由一位礼拜员领唱傈僳文赞美诗《颂主圣歌》3－5 首，由全体齐声祈祷、静默坐下，牧师或长老讲解圣经，完毕再唱傈僳文赞美诗《颂主圣歌》3－5 首、祈祷和奉献钱财，礼毕散会。

与传教士挨村挨户前去游说傈僳族人不同的是，大花苗初期接受信仰的状况，却是如此之热烈和迫切。1903 年党居仁在安顺水西苗（小花苗）当中工作时，来了一群满身污泥的大花苗，他们从威宁老家赶了九天的路程就是为了前来听福音做礼拜。随后他们传讲给懒龙桥的亲友们，越来越多的大花苗前来慕道。从威宁到懒龙桥还有六天的路程，居住有四万多大花苗的威宁苗民陆续派出九名代表前往安顺学习教义和礼拜仪式。他们学习了很多赞美诗、主祷文、十戒和耶稣生平的故事。其中一位教名保罗的代表，回到赫章县辅处乡葛布村寨中即刻组织礼拜，每逢主日，有二百多人前来祈祷、读经、唱赞美诗，极为认真和虔诚。葛布教会遂成为当时苗族的基督教传播中心，至今仍是最大的花苗教会。（塞缪尔·克拉克 2009：86-88）待到柏格理传教时期，石门每个礼拜天都有成千上百的人聚集做礼拜。由张绍乔和张继乔弟兄二人撰写其父母的传记《张道惠夫妇在石门坎 1904－1926 年》中，记录了这样的场景。（柏格理等 2002：805）大花苗会把进教堂做礼拜当作重要的事情和非凡的乡村聚会，这往往超过传教士们的预期，以至于人流涌动时，他们一直努力平衡礼拜时的场面，柏格理的日记中记录了往昔的热闹境况。（柏格理等 2002：120-122）

二、洗礼与圣餐礼

洗礼和圣餐礼是基督教的两件圣事，只有受过洗礼仪式的信徒才能够领受圣餐礼。傈僳族的洗礼通常由教职人员带领受洗者到河边或水塘里进行浸水礼，这被认为是用耶稣的血洗净罪恶获得重生的仪式。受过洗礼仪式的信徒，在每月第一个周日礼拜的圣餐礼时，即可领受代表耶稣身体和血的圣饼和圣水。与一般不同的是，这些圣物通常就地取材，如圣饼不是麦饼而是甜荞面饼，圣水不是葡萄汁而是甜茶水。富能仁在传记中描述了洗礼仪式所带来的净化和神圣感，以及辛苦劳作带来的收获果实般的喜悦感：

> 他逗留在村里的时候，有二十五个人受了洗……"每人庄严地允诺，不但终身信靠主耶稣，并要与敬拜异端，纵酒，道德败坏，

食吸或种植鸦片等事绝缘，还要守主日。那个夏天的早晨，我们走到流经村里的那条河的河边，将男女分开，男的站在这边河岸，女的站在那边河岸，在神开阔的天空下，我在祷告中把他们全部交托给神。眼见当时的情景，我心中的喜悦真是难以言喻（我总是喜欢洗礼）。然后我将他们一个一个地浸到那座厚木板桥下面湍急的流水中，为他们施洗。请你为他们祷告，叫他们遵守诺言，好吗？"（Eileen Crossman 1997：55-56，135）

傈僳人的皈依是艰难而漫长的，而大花苗的入教却是热烈而赤诚的。由于初期皈依的人数很多，传教士们跋山涉水才能到达一个村落教堂，因此一场礼拜会吸引四邻八方的苗民徒步数天前来参加，聚会时礼拜、洗礼和圣餐也会一起进行，塞缪尔·克拉克曾详细地描述过这个热闹感人的场景。（塞缪尔·克拉克 2009：90-93）

大花苗的传统是施行点水礼，在教会发展初期柏格理和张道惠通常会在周日聚会上，取出一盆水分别为领洗者施洗。（柏格理等 2002：798）赤贫的苗民如赴乡村盛会般地参加礼拜、领受洗礼、皈依入教和领受圣餐，对他们而言，这是生命的希望之光和前途明路，也是这个民族不受歧视和压迫的唯一依靠。柏格理在他的日记中充满情感的记录了苗民领做礼拜领受圣餐时的美妙时刻。（柏格理等 2002：763-764）

三、节庆活动

（一）复活节

傈僳族的复活节通常在每年四月份左右举行，信徒会选择某一个教堂为聚点，临近村寨的人们就会在节期前来聚集就餐、礼拜和活动。讲道主题是耶稣复活的故事，唱诗的歌曲会选择耶稣复活的相关内容，通常还会安排半天时间各村寨轮流演唱准备的无伴奏四声部赞美诗，整个活动为期三天时间。1919 年来自 60 个村寨、800 多人的少数民族信徒扶老携幼、自备膳食，翻山越岭步行三四天的路程，来到高漫夫妇所在的传教士居住地参加复活节礼拜，此事被贾腓力太太撰写报告刊登于 1919 年 12 月的《教务杂志》。（李亚丁@http://www.bdcconline.net/zh-hans/stories/by-person/g/gao-man.php）傈僳族教徒伊利亚回忆了往昔复活节的场景是，几个教堂联合过节定在周日聚会，星期五开始前往规定地点集中，信徒或住亲友家中或由密子扒分配住宿，需带上粮肉油作为自己三天的伙食以及为教堂的奉献。星期六上午八点吃饭，然后到教堂集中唱歌聚会听讲道和祈祷，至十二点散会吃中饭，下午二点半集中举行同样的聚会内容，至五点钟散会吃晚饭，晚饭后男子青年唱歌，可以至十二点或通宵，老年人坐在一起喝茶、谈论教会事务。星期日聚会形式相同，但增加了圣餐礼，用当地自制的米粑和红葡萄干代表饼和杯。三天的或是都是集体吃饭，八或十人一桌，分别由各桌派人领饭，遵循一切招待客人为上的原则，伙食不够时先照顾外村人，或本村再出猪肉米柴等。结余的奉献粮款等由教堂登记为奉献事项，从未出现过贪污事件。（朱发德 2008：139-140）

（二）感恩节

傈僳族的感恩节通常在每年 10—11 月期间举行，几个村寨的信徒聚集一起唱赞美诗、讲解圣经和奉献秋收的粮食物产以示感恩，一切内容围绕感恩进行。高漫夫妇、郭秀峰、王怀仁、张尔昌夫妇等外籍传教士在 20 世纪初期服务于云南洒普山的花苗，这一带有苗族、彝族、傈僳族和腊卡人等多个少数民族村寨。1914 年 11 月 29 日，洒普山教会举办了一场特别的丰收感恩主日礼拜，来自各福音站的信徒 1200 多人在教堂内外挤满，高唱赞美诗，次年 11 月丰收主日聚会，有 700 多信徒赶到洒普山参加，大家一起学习圣经、崇拜、感恩、作见证，场面十分感人。同样，约翰·格雷厄姆也参加了云南洒普山花苗的一场感恩节仪式，塞缪尔·克拉克在他的书中转载了格雷厄姆的记载。（塞缪尔·克拉克 2009：133-135）石门坎的感恩节仪式赤贫而感恩，特别礼拜聚集了周边更多的花苗信徒带着尽其所能的秋收土产前来奉献，在落雨飞雪的节日里二千余苗民步行数天前来参加聚会，献上五谷、蔬菜、水果，以及其他一切的出产，人们共享感恩之乐，教会委派七个人接受感恩奉献的礼物居然用了 15 分钟时间，126 个苗民接受洗礼仪式，人们唱歌祷告充满喜乐之情。（古宝娟等 2010：46-47）

（三）圣诞节

圣诞节总是格外隆重，1917 年刚刚皈依入教约 50 位的傈僳族信徒成群结队地赶到大城市——腾冲的富能仁处，在那里参加这个民族历史上的第一次圣诞节礼拜。

> 他们到我们住的房子来（我们让他们随处走动），女孩子们一堆

一堆地从这个房间跑到那个房间，不时发出惊叹和赞美，像是到了天堂！男人对事情冷静一点，男人带长剑，背花袋子，著烟囱似的长袜，光着脚；女孩子则戴着彩色的头巾，流苏，珠链，颈饰，戒指，手镯和其他装饰——真希望你们能够看到他们！……每天，晨祷之后，我将他们聚集在教堂里，教他们读经……晚上和他们唱诗。除了他们已经会的'耶稣爱我'和'我已远离了神'，我教他们唱'求主同在直到再相见'和一二首其他的诗歌。他们唱得真好，街上的汉人会进来，坐下来听他们唱。新上任的领事和将要退休的领事易斯替（Eastes）先生，有一天来拜访我们，傈僳人将他们围在客厅里，外面也有人围着，大家评头论足，还去摸他们的衣服！我们向两位领事解释，要他们不要介意，因为我们的客人不懂得什么叫礼貌。'我应该说，不要紧的，'易斯替满不在乎地说，'现在就有一个家伙在后面揉我的背！'"午后的运动对傈僳人是新鲜的，能仁和弗勒跳高和赛跑的情景最为热闹，他们永远难忘。有八十多位土人来参加圣诞节的筵会，这是光棍家中的庖厨大事，但他至少可借此回报一下在山上时他们对他的殷勤招待。这个节庆，也使得他们有种在神家中连成一气的特别感受。这是第一次举行这样的筵会，以后的年月里，曾多次举行。直到现在基督徒的土人仍继续保持这种风俗。（Eileen Crossman1997：128-130）

日后，当基督教在怒江的傈僳族山民中生根发芽时，圣诞节就在每年耕种松弛的时候举行，峡谷远近的信徒们都会自带粮食前来参加这一为期三天的敬拜和庆祝，人们就地而卧，峡谷就是他们歌声的最好扩音设备。（Eileen Crossman1997：147）

花苗的圣诞节同样盛大热闹，阴冷潮湿的环境因人们热情喷涌的信仰而暖洋起来，信徒们彼此鼓励的分享更为这些世代苦楚而绝望的苗民带来了莫大的温暖。1905 年 12 月 27 日，柏格理在云南昭通迎来了苗族和黑彝诺苏族人参加的圣诞节庆典，彝人的到来让他十分高兴，当天教堂庆典和洗礼约有二百人左右参加，而当他赶到贵州石门坎，已有一千余位参加共计 130 桌的圣诞宴席，随后他进行了入会考核。（柏格理等 2002：717）教堂礼拜活动结束之后的盛宴，为圣诞节添加了喷香的氛围。人们会宰杀一两头猪进行烘烤，煮上几大桶包谷饭，蒸上很多豆腐、白菜和辣椒，这种盛宴对于当时甚至几

个月都吃不上饱饭的苗民而言，是一场极为享受而愉悦的体验。（柏格理等
2002：805）

第五节　傈僳族和花苗地区西方传教士眼中的异域
文化

一、音乐歌舞

　　西方传教士看待差异巨大的东方文化乃至原始土著文化时，其态度各有
不同。除了隶属差会的观点以外，多数传教士个人也会秉持西方文化更高一
筹的态度。最易进行比较的首先是公共生活印象，对西方人来说"文明"意
味着个人卫生保持干净卫生、优雅舒适和医疗水准优越等，而中国社会直至
20世纪60年代公共卫生的水平依然达不到这些要求。次之是西方先进工业文
明与传统农业社会的差异，工业科技与农业作坊的差异不仅是产量的高低，
更是质量的精确和创新的要求，这绝非传统农业社会的强项。最后是东西方
文化的差异和思维模式的不同，就艺术层面而言，汉族和西方人初次接触彼
此的音乐、舞蹈和绘画时，都是无法互相理解并欣赏，传教士更是多持基督
宗教独一性、排他性和优越性的倾向。不过认同汉族及土著文化的例外依然
存在，这些人在中西文化交流史上多名垂千古，如意大利籍耶稣会天主教传
教士利玛窦、比利时籍遣使会天主教传教士雷鸣远、英籍浸礼会基督教传教
士李提摩太和英籍循道会基督教传教士柏格理等。传教士在传记中载有不少
关于本土音乐文化的段落，多为写实不加评论的描述，也有部分记述加有反
对或认同的个人观点。

　　英籍传教士王树德著的《石门坎与花苗》中，描述了苗族最具代表性的
乐器芦笙及其所承载的文化涵义，更早在苗族地区传教的塞缪尔·克拉克对
芦笙的乐器构造有详细的描述。柏格理本人不仅擅长吹奏芦笙，也很欣赏中
国的本土文化，苗族的传统音乐、汉族的传统音乐以及在彝族地区传教期间
见到彝族的口弦，都在他的细致笔下栩栩如生。柏格理在《在未知的中国》
传记中，记载到他们一行沿扬子江上行探访在汉族地区工作的同事，沿途听
到如泣如诉的二胡和码头号子，让他十分震撼并深深理解。柏氏在此段描述
中写到欧洲人对这种音乐的正常排斥反应，而他却道出乐声中的生命情感，
这是柏氏认同中国文化的极佳表达，往后的日子里他将生命献给贫困的乌蒙

山区，更是其言行一致的验证。（柏格理等 2002：193）

柏格理喜爱花苗的音乐，除了芦笙之外，他还允许苗人在礼拜中演唱自己的传统古歌。1905 年 6 月 30 日晚间石门坎 400 人聚会上，在祈祷之后，由花苗妇女唱起了她们民族的创世古歌，一个女人领唱，其他人应和，用的是他们自己令人陶醉的曲调。（柏格理等 2002：709）但后来的传教士并非都能欣赏这些，王树德在传记中就写到，"在沿途行径志宏，我们有时会听到放牧的年轻人唱起他们现时最喜欢的赞美歌，诸如'哦，幸福的日子'、'动荡岁月'，以及那些如'耶稣爱我'的简单却又温暖人心的句子，这些赞美歌已经在取代他们粗俗的山歌了。"（柏格理等 2002：420）此观点代表的正是当时很多西方人对中国文化的态度，即优越的信仰为粗俗和落后的文明带来拯救的福音，它的弊端除了伤害民族情感之外也在日后逐渐隐现出文化上的硬伤。

二、婚丧仪式与节庆活动

富能仁和高漫参加了一场傈僳人快活谷村庄的订婚宴席和婚礼，他们一边做客一边试图向来宾传教，但在婚宴的喜庆热烈和酒醉的乱哄哄场景下没有人搭理他们的举动。富氏描述了傈僳人居住的环境、喜宴的庆贺、傈僳女子美丽的服饰和容貌、庆典上的音乐舞蹈游戏以及酗酒后的混乱等。（Eileen Crossman1997：39-41，53-54）相比之下，塞缪尔·克拉克就像一位少数民族的田野工作者一样，学术性地记述了苗族人的婚礼状况，是如何定亲到婚礼的程序和规则，再到新娘婚后返回娘家的宴席（以其夫人亲历的黑苗回门宴为例），内容详实而完整。（塞缪尔·克拉克 2009：40-41）

1910 年柏格理参加了一场咪口耳沟村苗族信徒李提摩太母亲的葬礼，他看到的是一场殡葬的过程，没有繁琐的仪式，下葬后柏氏为其举行了基督教的殡葬礼拜。（柏格理等 2002：745-746）当柏格理自己去世的时候，他曾救过一命的老同学邰慕廉牧师为他在苗区主持了一场传统的基督教葬礼，全体落泪唱赞美诗，16 位苗民抬着灵柩，1200 余人为其送殡前往山上安葬。（古宝娟等 2010：65）在贵州苗族聚居的地区，有布依族、彝族、水族、瑶族等多种少数民族混居。塞缪尔·克拉克详细记录了安顺地区一场传统的布依族葬礼，他谈到布依族泛灵论的宗教意识，并说明这是贵州非汉族人如苗族、布依族、彝族等所共有的现象，为难得的民族志资料。（塞缪尔·克拉

克 2009：51-52）他还简单地记录了彝族的火葬和土葬习俗，但并没有进一步
细说。

　　傈僳族每年正月十五举办的刀杆节（刀梯节、爬刀节）是极富民族特色
和宗教色彩的传统节日，彝族也有相同的节日。刀杆节中"上刀山，下火海"
此类的宗教祭祀仪式，曾使西方人触目惊心，如今已经演化成一种民俗表演。
富能仁在传记中提到这种仪式的拜鬼性，这是所有传教士最忌讳和厌恶的习
俗，无论是否认同本地文化，只要触及此风俗，传教士立即会卷入一场与传
统巫师和民间宗教信仰强悍力量的斗争。圣经旧约也多次记载了类似的故
事，即信仰上帝的先知与信仰各类民间神鬼的术士之间斗智斗勇的战争。
（Eileen Crossman1997：65，100-101）

　　无论是节庆活动还是婚礼的庆祝场合等，山民最大的嗜好之一就是酗
酒，这个习俗至今保留在不信教的傈僳人和苗人当中。酒无疑给节庆活动带
来欢乐的喜庆，无酒不成宴带给傈僳人一种"酒文化"，但同时也给他们带
来了身家性命的安危。除了倾家荡产购买水酒外，酗酒的傈僳人更多的是拥
有酒后乱性和暴力带来的家庭破碎和身心的坏死。富能仁等人坚持的戒酒运
动为傈僳人带来的福祉，至今仍在傈僳山区流传。如今，怒江州傈僳族信教
与不信教最显著的差别之一就是喝酒问题：信徒绝不沾酒，非信徒嗜酒如命，
到了可以没命但不可以无酒的地步，笔者考察途中听到很多关于傈僳乡民酗
酒身亡的事情，当地人戏称，傈僳人只有两类，一类是不喝酒的信徒，一类
是喝酒的非信徒。信徒一般不喝傈僳族传统的同心酒，不庆祝傈僳族新年——
阔时节（唱情歌），不看刀梯节上刀山下火海（巫术献祭）的节目表演，甚至
传统的澡塘会也不多逗留。这些传统民俗从传教士时期开始，因与基督信仰
违背，便不被允许参加，这即是乡民从拜鬼转向敬神的文化信仰被改造，这
些教规一直延续到今日。

县 9 月 24 日福贡县坪公教会新堂落成典礼和 2008 年 7 月 27 日福贡县鹿马登托扒教会落成典礼，光碟分别录制了 18 首和 10 首来自不同歌舞队流行福音歌舞的现场表演，以及片头尾剪辑的部分活动场景，选择性地没有录入礼拜仪式的过程。

2009 年 1 月 11 日星期日中午，笔者亲历茨开镇茨开村泥你朵教会的新堂开堂典礼。此时我们正在贡山县锡安堂参加主日午礼拜，从锡安堂前往泥你朵教会的路程目测具体似乎并不太远，但崎岖的山路步行却花了我们将近一个小时，傈僳人已经习惯这样的路程，只苦了生长在城市的外来人。所谓山路并无路可言，而是脚印踩出来的小泥道，走上去需要学会时而用脚掌时而用全脚抓地才能站稳。上山的路程，随时会遇见迎来送往参加开堂典礼的傈僳人。教堂坐落在半山腰上，墙顶挂满了彩带，很多人聚集在门口，工作人员支了一张桌子，正在登记到访教会代表或个人为新堂建成所奉献的钱款。教堂内有一套功放音响、电贝司和一套架子鼓，不清楚是本堂购买或外借其他教会的。这是一场乡民的盛宴，典礼从 11:30 开始到 15:30，前后持续了四个小时。程序如下：

（1）祝福祷告

（2）泥你朵教会"欢迎歌"

（3）三区黑扎卡教会"新堂落成赞美歌"

（4）吉术教会"主啊，我心为殿"

（5）三区月过教会"一切歌颂赞美神"

（6）打所伯特利教会"赞美为献祭"

（7）高拉博教会"感谢神的恩典"

（8）鲁迁嘎教会"赞美创造天地万物的主"

（9）讲道

（10）牛郎当教会"赞美诗歌"、"同心合意兴旺福音"

（11）教会财务报告

（12）习副主席讲话

（13）王切教会"福音的路上"

（14）义厂独教会"一切东西无比天上的产业"

（15）司工教会"新堂落成赞美主"

（16）泥你朵教会"人生步旅"

（17）全体起立结束祷告

（18）全体"闭会颂"

典礼结束后，我们外来的客人随同教会执事前往家中吃饭，教堂已为其他的人员准备了大锅的饭食。

二、其他各类活动

周年感恩礼拜是教会建成日的纪念性活动，这类礼拜与新堂落成典礼差别不大，仅在规模上小了很多，福贡县基督教两会为笔者提供了福贡县古泉王子教会两周年感恩礼拜和2008年3月11日福贡－思茅热水河四队庆祝十周年感恩礼拜的VCD光碟。福贡县古泉王子教会两周年感恩礼拜光碟录制的不仅有礼拜现场的活动，还有室外录制的歌舞，将之编辑整理成一张流行歌舞音乐片，并在片头以照片的形式剪辑了该教会的教牧人员和歌舞队成员的影像。福贡－思茅热水河四队庆祝十周年感恩礼拜光碟录制了该队在老长地教会活动点和乡间举行的音乐活动，该队没有电声乐队和VCD音乐伴奏，由一支有多人青年组成的吉他队进行现场伴奏，不同的舞蹈队载歌载舞在教堂和田间为村民表演流行福音歌舞，其中还有一首具有傈僳风格的歌曲，这已是不多见的。这两张光碟同样没有录制礼拜的过程，只是选取所有的音乐歌舞部分以及一些活动场景，可见人们感兴趣的是歌舞而不是礼拜内容，而周年感恩礼拜的庆祝显然比献堂落成典礼更具娱乐性。

圣经培训是教会培养教牧人员的重要学习手段，从百年前西方传教士来怒江传教起始，每年1－3期为期三个月的圣经培训学习便成为传统。确认圣经的权威性和圣经无误论是福音派教会最重要的特征，这类培训即是为了信徒更全面地了解圣经和神学知识，以保证信仰的纯正性和进深性。在田野期间，笔者数次赶上各地教会不同时间的圣经培训班，并曾为两所教会的培训班学员教唱多声部赞美诗，了解到学员的文化素养比普通信徒普遍要高，音乐素质也更强，与教师之间的配合程度较高。在贡山县锡安堂教课期间，该县基督教两会为笔者提供了2006年贡山县基督教培训中心第五期学员结业典礼、福贡县农庄圣经培训结业典礼以及2008年兰坪县神学培训班第一期和做主的功－2008年德宏州盈江县基督教培训班歌舞集锦等4张相关内容的VCD光碟。2006年贡山县基督教培训中心第四期学员结业典礼光碟由贡山县基督教两会筹办拍摄，不同与教会通常的自行录制行为，该片自费邀请了当地一家专门拍摄纪录片的忠山音像为其摄影，录制学员在教堂内外的歌舞和合唱，节目经过精心的编排，并涵盖传统四声部赞美诗的合唱内容，音乐编辑水准相对较高，有"在这个世界上"、"福音的亮光"、"相聚在一起"、"相约在主里"、"尽力作主工"、"万民都要赞美耶和华"、"毕业歌"、"赦免了我罪"、"年轻人尽力作主工"、"全民都要听见福音"和"在耶稣里我们是一家人"（傈僳文汉译名）等 11 首曲目。做主的功－2008年德宏州盈江县基督教培训班歌舞集锦光碟是由1994年成立的盈江教会录制，教会的负责人是县三自爱国会主席密大卫，此次培训班学员共有 200 余人，有盈江当地的花傈僳和福贡地区的黑傈僳等民族参加，表演的歌舞曲目有一起去"、"基督精兵"、"我在这里"、"在主的爱里"、"星星"、"我在这里求主来垂询我"以及自编歌曲"大的恩典"（傈僳文汉译名）等。

　　除了参与各类的教会活动外，傈僳族信徒最喜欢的即是录制福音歌舞光碟，这样的光碟在怒江地区数不胜数。上述的各类礼拜活动都被录成歌舞光碟，此外各教会的歌舞队和各种乐队组合的音乐光碟也开始逐渐涌现。早期录制的是教会的音乐歌舞，如泸水县百花岭教会福音小诗歌光碟便是该教会早期的作品，歌舞队全部用吉他伴奏，其演奏法从福贡县流传至此，多为自学，歌舞也有一些是自创的，模仿口弦和傈僳琵琶的演奏动作，藉于流行和传统之间的一类福音歌舞，带有傈僳民间音乐的痕迹。后来广泛录制的光碟显示此类的歌舞已非常少见，多是模仿缅甸傈僳族教会越来越流行的风格，乐队组合光碟就是此类产物之一，随着多媒体的普及，腼腆的傈僳人开始自行组织乐队并推出组合和土打曲录制成光碟，此举颇受年轻人的亲睐。